Michelle Amecke

RESILIENZ

trainieren

und den Stress im Alltag abbauen

Mit dem Basiswissen über Resilienz, Positive Psychologie und Emotionale Intelligenz die Widerstandskraft stärken und Burnout vorbeugen.

Michelle Amecke

Resilienz

Impressum

1. Auflage Juni 2021
©Michelle Amecke
Alle Rechte vorbehalten
Michelle Amecke
Kolmarer Straße 14, 44137 Dortmund

Umschlaggestaltung: Michelle Amecke via canva.com
Umschlag & Inhalt erstellt mit @Canva.com

ISBN 978-3-949446-06-1

„Wenn alles gegen dich zu laufen scheint, erinnere dich daran, dass das Flugzeug gegen den Wind abhebt,

nicht mit ihm."
(Henry Ford)

HAFTUNGSAUSSCHLUSS

Inhaltsverzeichnis

Einführung

Krisen und Unsicherheiten wird es in diesem Leben in dieser Welt immer geben. Wir versuchen uns abzusichern, das Schlimmste vorauszusehen, Versicherungen abzuschließen, vorzusorgen, doch können wir niemals sicher sein, was auf uns zukommen wird.

Das Leben ist schön, und doch gibt es gleichzeitig die *Krisen, Verluste und Niederlagen,* die unser Leben von heute auf morgen umkrempeln können.

Als ich selbst 2016 diesen schrecklichen Knoten in meiner Brust entdeckte, der allen Frauen so große Angst macht, wollte auch ich mich den Tatsachen erstmal nicht stellen. Meine Welt brach zusammen, dann fing ich an, die Tatsache zu ignorieren, dass ich Brustkrebs hatte. Doch ich wäre kein guter Trainer und Mentor, wenn ich nicht selbst die Dinge umsetzen würde, die ich in den 30 Jahren mit der Arbeit mit Menschen gelernt habe.

Ich beschloss, eine Entscheidung zu treffen: für mein Leben. Und dann holte ich all die Kräfte und Stärken, die in jedem schlummern, hervor und verbot mir, mich als Opfer zu betrachten. Wie du siehst, schreibe ich diesen Ratgeber und habe mit der mir innewohnenden Kraft aus dieser Situation viel gelernt. So schrecklich es auch sein mag, wir sind in der Lage, über uns hinaus zu wachsen. Und du kannst das auch.

- Wie können wir mit diesen Situationen umgehen?
- Warum gibt es Menschen, die diese Lebenslagen mit Bravour meisten und andere, die daran zerbrechen?
- Sind die Stärken erlernbar, die uns helfen, solche Situationen unbeschadet zu überstehen?

Die Idee des Ratgebers ist weniger, dir die Theorie der Resilienz oder die Entstehungsgeschichte näherzubringen, sondern dir Anregungen und umsetzbare Tipps an die Hand geben, wie du selbst besser Krisen durchleben kannst. Hierbei möchte ich dich von Herzen gern unterstützen.

Wer sich mit Gefühlen und den Fragen beschäftigt, was einen Menschen glücklich macht, findet auch automatisch zu den Themengebieten wie der *Positiven Psychologie* und der *Emotionalen Intelligenz*. Daher finden sie im zweiten Teil des Buches ihren Platz.

Resilienz beschäftigt sich ausgiebig mit der Frage, was der Mensch braucht, um in herausfordernden Situationen und Krisen schneller wieder auf einen grünen Zweig zu kommen. Grob gesagt geht es um den Umgang mit Stress und Stressoren. Die Frage ist, wie ich das Leben bewältigen kann, auch wenn es mal holperig ist, wenn es kriselt. Gerade in Zeiten wie diesen, in denen Corona uns in ständig neue Lebenssituationen wirft, ist es wichtig, zu wissen, was einem im Leben Kraft gibt und wie man sich stärken kann.

Zunächst ist es eine wichtige Information, dass dies überhaupt möglich ist – dass wir Menschen auch Schöpfer sind. Ich möchte nicht behaupten, dass alles möglich ist – doch eine Menge mehr ist möglich, als die meisten glauben.

Es steckt viel ungenutztes Potential in jedem von uns. Generell ist es möglich, das Leben zum Positiven zu verändern, indem eigene Fähigkeiten erkannt und gestärkt werden, um so eine gesunde Lebensweise unterstützen zu können. Worum es in erster Linie geht: Stressvermeidung, denn in stressigen Situationen sind auch wieder die Gefühle im Spiel. Der präfrontale Cortex, der die Gefühle steuert, sorgt dafür, dass wir nicht mehr auf unsere Ressourcen zugreifen können.

WAS HAT NUN DIE RESILIENZ MIT DEM BURNOUT ZU TUN?

Sehr viel, würde ich sagen, denn mit einer guten Resilienz können wir auf das Gefühl, dass wir ausgebrannt sind oder erschöpft sind, sehr gut antworten. Die Erschöpfungsproblematik, die das Leben ab und an mit sich bringt, hat häufig damit zu tun, dass wir uns überfordern.

Nun hat aber dieses Überfordern nicht immer mit einem „zu viel an Arbeit" zu tun. Auch Kinder können schon erschöpft sein, der Burnout begegnet uns fast überall. Im Freundeskreis, auf der Arbeit, in der Schule, in Krankenhäusern, überall dort, wo wir Menschen uns aufhalten. Überall liest man davon, dass Menschen über längere Zeit ausfallen müssen, weil sie dem Alltag nicht mehr gewachsen sind.

WAS IST ES, WAS UNS SO MÜRBE MACHEN KANN?

Wenn wir uns immer nur an die Regeln im Außen halten, die die Gesellschaft und die Werbung gemacht haben, dann wird es immer Menschen geben, die diesem Druck nicht standhalten können. An sich selbst vorbeizuleben, um anderen Menschen zu gefallen oder um Rollen auszufüllen, die gar nicht zu uns passen, das macht uns krank. Wir leben in Berufen, die uns nicht entsprechen, essen Nahrung, die uns nicht guttut, leben in den falschen Familien mit den falschen Partnern und finden uns in Krisen in Familien, in denen wir viel zu viel Verantwortung übernehmen müssen und schon früh dem Perfektionismus anheimfallen.

Burnout ist so gesehen weniger eine Krankheit, sondern ein Hilferuf des Körpers, des Systems, um das Leben wieder in die Bahn zu bringen, die uns guttut. Weiterhin geht es definitiv darum, sich wieder bewusster zu werden, welche Ernährung uns guttut, welches Verhalten wir an den Tag legen, wie viel Spaß wir im Leben haben, wie viel Achtsamkeit und Entspannung wir uns erlauben und wie gut wir schlafen.

- Wie viele Pausen brauchen wir wann?
- Was macht uns Freude?
- Was sind unsere Potentiale, unsere Stärken?

Stell dir vor, du bist als jemand mit einer bestimmten Aufgabe oder Begabung auf die Welt gekommen. Doch deine Eltern möchten, dass du ihr

Geschäft übernimmst bzw. vielleicht wollen sie, dass du in ihre Fußstapfen trittst. Sie haben Träume, wollen dein Bestes. Viel zu oft müssen wir als geborene Schwimmer dann Fußball spielen oder sind eigentlich Handwerker und müssen unser Leben am Computer verbringen und so weiter.

Die Resilienz, die sich damit beschäftigt, was wir Menschen brauchen, ist im Grunde genau das, was einem Burnout vorbeugt. Denn wenn wir wissen, was wir brauchen, laufen wir weniger Gefahr, das Falsche zu tun oder auch in Krisen das Falsche zu tun. Das Falsche, damit ist hier gemeint, dass man sich verbiegt.

Wir dürfen lernen, authentischer zu sein und uns wieder in den Mittelpunkt unseres Lebens zu stellen. Und zwar fernab von Konditionierung. Wir dürfen nicht an unserem Leben vorbei leben – denn wir haben nur das eine.

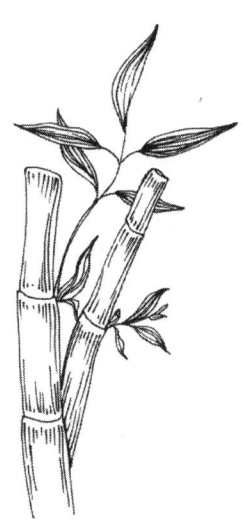

1 Resilienz

„Resilienz – so heißt die seelische Kraft, die Menschen dazu befähigt, Niederlagen, Unglücken und Schicksalsschlägen besser und schneller standzuhalten."[1]

Auch hier gibt es zahlreiche Definitionen, die aber letztlich alle einem einzigen Zweck dienen sollen: Es geht um einen guten Umgang und das Meistern von Krisensituationen und den Abbau von Stress.

Der Begriff Resilienz

Der Begriff entstammt, wie so viele Begriffe in Deutschland ihren Ursprung im Griechischen oder Lateinischen haben, dem lateinischen Verb *„resilire"*. Es bedeutet zurückspringen oder abprallen und hier wird schon direkt deutlich, dass es hier um etwas geht, dass nicht wie ein Kartoffelpuffer in einer alten Pfanne kleben bleibt, sondern eher wie an einer Teflonpfanne abprallt. Oder eine schlaffe weichgekochte Nudel, auf die ich trete, die dann endgültig matsch ist, wohingegen ein Stückchen Schaumstoff nach einiger Zeit seine alte Form wiederfinden könnte. Das war früher also eher etwas, was in der Physik genutzt wurde. Eine starke Kraft wirkt auf etwas ein, dass entweder zur guten alten zurückfindet oder eben auch nicht. So ist es auch bei uns Menschen, wenn wir in Krisen sind oder in erheblichen Belastungssituationen. Diese können mitunter so viel Druck auf uns ausüben, dass wir regelrecht zerbrechen, meist emotional, aber mitunter auch körperlich. Denn Körper und Geist und Seele sind bekanntermaßen miteinander verbunden.

Hat das auch etwas mit Glück zu tun? Vielleicht – doch eher geht man davon aus, anhand von Studien, dass es Menschen gibt, deren „Form" oder „Grundzustand" stabiler ist, sodass sie eben nicht von traumatischen Ereignissen so aus der Bahn geworfen werden, dass sie sich nicht mehr erholen können.

---

[1] (Katharina Maerlein, Die Bambus-Strategie)

Das stabile Fundament

Resilienz sollte man bestenfalls bereits in der Kindheit erlernen. Häufig genug jedoch ist das Elternhaus nicht der Nährboden, den es dafür braucht, und dann ist es möglich und auch wichtig, später im Leben Faktoren und Werkzeuge kennenzulernen, um die eigene Resilienz positiv zu beeinflussen. Die Resilienz ist ein relativ junges Forschungsgebiet und kam erst um 1955 in den Fokus der Öffentlichkeit. *Emmy E. Werner* und ihre Kollegin *Ruth Smith* untersuchten in ihrer bekanntesten Studie *„Kauai"*[2] den Zusammenhang zwischen den Erlebnissen der Kindheit und der späteren Widerstandsfähigkeit und Resilienz. Ein stabiles Elternhaus sorgt nachweislich für eine größere Fähigkeit, das Leben auch in Krisen erfolgreich zu meistern, als ein Elternhaus, in dem es in der Kindheit an Bindung, Liebe, Unterstützung und Förderung mangelt.

Was bedeutet Resilienz oder was versteht man darunter? Die meisten Menschen kennen den Begriff zwar aus den Medien, haben aber Schwierigkeiten zu verstehen, was sich tatsächlich dahinter verbirgt. Wann bist du ein resilienter Mensch oder ein Mensch, der Eigenschaften hat, die ihn sattelfest in Krisen machen? Resilienz hat selbstverständlich auch wieder viel mit deinen Gefühlen zu tun.

---

[2] Werner, E: Overcoming the Odds: High Risk Children from Birth to Adulthood

Du bist resilient, wenn du ...

... nicht alles persönlich nimmst und mit deinem Kummer oder deiner Traurigkeit gut umgehen kannst und es auch schaffst, dich wieder in bessere Gefühle aufzuschwingen.

... intrinsisch motiviert bist und es schaffst, dich Herausforderungen in deinem Leben zu stellen.

... so viel Lebensfreude und Lust am Leben hast, dass du alles daran setzt, dein Leben positiv zu gestalten.

... deine Wut im Zaum halten kannst und deine negativen Gefühle oder Impulse kontrollieren oder auch umlenken kannst.

... gut spürst, wann du gestresst bist.

... dich schnell wieder in die eigene Mitte bringen kannst, wenn es mal „gecrasht" hat.

... nach Lösungen suchen kannst und optimistisch bleibst.

... in Teams flexibel und konfliktfähig bist.

... ein gutes Körpergefühl hast, achtsam lebst und auf deine Gesundheit Wert legst.

... Veränderungen nicht negativ gegenüber stehst, sondern sie als Bestandteil des Lebens akzeptierst und dich hier einfindest und im Fluss bleibst.

... Entspannung suchst, um dich fit zu halten.

… deine Emotionen ganz gut unter Kontrolle hast und deine Impulse kontrollieren kannst.

… du Dinge erst analysierst, bevor du spontan oder emotional handelst.

… deine Atmung natürlich fließt und du spürst, wie du sie einsetzen kannst, um ruhig zu bleiben.

… ehrlich zu dir selbst sein kannst, um Veränderungsprozesse einleiten zu können.

… ehrlich zu anderen sein kannst und mögliche Konsequenzen zu tragen bereit bist.

… dich nicht von anderen abhängig machst, weil du deine Kompetenz in Frage stellst.

… in „sowohl-als-auch" denken kannst.

… dich gut fokussieren kannst und dich nicht vom außen ablenken lässt: Du ruhst in dir.

… du Ziele hast, die du noch verwirklichen möchtest, Visionen, Wünsche.

… wenn du dich gut kennst, wenn du weißt, was du brauchst, um glücklich zu sein.

Selbsttest Resilienz

Prüfe für dich im Selbsttest, wie es um deine Resilienz steht. Beantworte die Fragen ehrlich auf einer Skala von 1 – 5 und rechne dann die Punkte zusammen. Schau einfach, in welchem Bereich du liegst und ob es für dich sinnvoll ist an deiner Resilienz zu arbeiten.

Dieser Test hilft dir, dich einzuschätzen und deinen Standort zu bestimmen.

0 = stimmt überhaupt nicht
1 = stimmt kaum
2 = stimmt ein wenig
3 = ja, so ist es oft
4 = das beschreibt mich meistens
5 = das bin ich

1. Ich bin eher ein Stehaufmännchen und bleibe in Krisen relativ ruhig.
   0 – 1 – 2 – 3 – 4 – 5

2. Es kann mich nicht jeder mögen, und das ist etwas, was ich auch nicht erwarte.
   0 – 1 – 2 – 3 – 4 – 5

3. Wenn ich etwas begonnen habe, dann verfolge ich es hartnäckig und will es zu Ende bringen.
   0 – 1 – 2 – 3 – 4 – 5

4. Was passiert, passiert – damit kann ich umgehen.
   0 – 1 – 2 – 3 – 4 – 5

5. Verzwickte Situationen fordern mich heraus.
   0 – 1 – 2 – 3 – 4 – 5

6. Ich bin multitaskingfähig.
    0 – 1 – 2 – 3 – 4 – 5

7. Eigentlich bringe ich alles zu Ende, auch wenn nicht immer mit
    Bestnote, doch ich komme immer durch.
    0 – 1 – 2 – 3 – 4 – 5

8. So wie ich bin, finde ich mich gut.
    0 – 1 – 2 – 3 – 4 – 5

9. Meine Entschlossenheit bringt mich zum Ziel.
    0 – 1 – 2 – 3 – 4 – 5

10. Vieles interessiert mich und ich bleibe auch interessiert dabei.
    0 – 1 – 2 – 3 – 4 – 5

11. Für mich hat alles zwei Seiten – oder mehr.
    0 – 1 – 2 – 3 – 4 – 5

12. Auch Sachen, auf die ich keine Lust habe, erledige ich.
    0 – 1 – 2 – 3 – 4 – 5

13. Was erledigt werden muss, das schaffe ich in der Regel auch.
    0 – 1 – 2 – 3 – 4 – 5

33 – 65 Punkte: hohe Resilienz

Deine Widerstandskraft bzw. Resilienz ist recht hoch. Du kannst gut mit unvorhergesehenen Situationen und auch extremeren Herausforderungen umgehen. Du bleibst gelassen, wenn es brenzlig ist, und kannst Lösungen für Probleme finden.

0 – 32 Punkte: niedrige Resilienz

Deine Widerstandskraft (Resilienz) darf noch verbessert werden. Es fällt dir häufig nicht so leicht, mit Herausforderungen im Leben umzugehen. Du könntest lernen, nicht so schnell aufzugeben und an einer Sache dranzubleiben, denn häufig lohnt sich dies – viele Menschen geben zu schnell auf, obwohl die Situation erfolgversprechend wäre.

Fragen, die du dir stellen kannst:

- Welche Erkenntnisse nehme ich aus diesem Resilienz-Test mit?
- In welchen Bereichen habe ich mir wenige Punkte gegeben und darf etwas tun, um meine Resilienz zu verbessern?
- In welchen Bereichen habe ich mehr als 3 Punkte gegeben?

Die Säulen der Resilienz

Schön und gut zu wissen, wann man resilient ist. Die Frage, die sich jetzt stellt: *„Doch WIE komme ich dahin, wie mache ich das, dass ich mich so fühle und so handeln kann?"*

Nicht jede*r von uns hat das Glück, in einem Elternhaus aufzuwachsen, das sehr förderlich und liebevoll ist.

Wir alle tragen Ressourcen und Stärken in uns. Ab und an mag es so scheinen, als seien diese nicht vorhanden und sind ziemlich verschüttet. Das Leben kann uns recht übel mitspielen. Gerade in den Zeiten, in denen dieses Buch entsteht, sind allzu viele Menschen von der Corona-Pandemie gebeutelt und Resilienz ist notwendiger denn je.

2003 erschien *„The Resilience Factor"*[3] von *Karen Reivich* und *Andrew Shatté*. Die amerikanischen Psychologen beschreiben hier 7 Säulen der Resilienz, die mittlerweile auch bei Krankenkassen[4] genannt werden.

- Urvertrauen und Optimismus
- Annahme dessen, was ist
- Perspektivwechsel
- Selbststeuerung
- Opferrolle ablegen bzw. Verantwortung übernehmen
- Empathie und Bindung zu Mitmenschen
- Zielorientierung

---

[3] Broadway Books; Reprint Edition (14. Oktober 2003)

[4] https://gesundes-miteinander.de/resilienz-die-sieben-saeulen-der-staerke/

Diese wichtigen Säulen stärkst du, indem du wieder beginnst, die Dinge zu tun oder wieder mehr von den Dingen zu tun, die dir guttun. Erstelle dir eine Liste von Dingen, welche dir auch schon in der Vergangenheit gutgetan haben. Was ich meine sind Ernährung, Sport, ausreichender Schlaf, vielleicht auch Massagen, der Gang zur Sauna, Spaziergänge, Ausflüge in die Natur. Alles, was deine Seele freut, deinen Körper aufblühen lässt, dich von negativen Gefühlen reinigt.

Auch wenn du glaubst, nur anderen Menschen geht es gut, alle schaffen es außer dir, dir fehlt etwas, um glücklich zu sein: Die innere Einstellung zu verändern, das ist kein Hexenwerk.

Du benötigst lediglich das richtige Handwerkszeug, einige Impulse und Ideen. Die Entscheidung, die musst du selbstverständlich selbst treffen.

So kannst du deine Resilienz stärken – die 31 besten Tipps

Alles, was dein Selbstbewusstsein, dein Körperbewusstsein oder dein Vertrauen in dich selbst unterstützt, wird dir hier guttun. Es gibt also wirklich viele Dinge, die dich unterstützen können, um resilienter zu werden. Entspannung gehört auf jeden Fall dazu. Auch Sport kann den Stress aus deinem Körper herausbringen. Egal also, ob es Meditation ist, autogenes Training, Sport, Yoga, ... regelmäßige Ruhepausen machen dich letztendlich auch leistungsfähiger. Um die Disziplin aufbringen zu können, beim Sport oder Yoga am Ball zu bleiben, helfen **Rituale und Routinen.**

Denn etwas, dass du regelmäßig tust, wird für dich an Wichtigkeit gewinnen. Alles, worüber wir nicht nachdenken müssen, wird zu einer Routine. Alles, was sozusagen ins Unterbewusstsein gesickert ist und eine Leichtigkeit wie das Schnüren von Schuhen bekommen hat, flutscht wie von allein.

Egal, ob das ein Ritual am Morgen ist wie das Trinken der Tasse Kaffee, eine spezielle Strecke, die du zur Arbeit fährst, der Ort, wo der Autoschlüssel immer abgelegt wird, vielleicht auch der Griff zur Zahnbürste. All dies geschieht mehr oder weniger automatisch. Mach' Sport und all das, was dich stärkt, auch zu solchen Automatismen.

Im Folgenden bekommst du viele Tipps, wie du deine Resilienz stärkst und lernst, positiver zu denken.

1 IN FRIEDEN KOMMEN MIT DEM, WAS IST

Kennst du das Gelassenheitsgebet des Theologen Reinhold Niebuhr, das Gott um Gelassenheit, Mut und Weisheit bittet?

Gott, gib mir die Gelassenheit,
Dinge hinzunehmen, die ich nicht ändern kann,
den Mut, Dinge zu ändern, die ich ändern kann,
und die Weisheit, das eine vom anderen zu unterscheiden.

Deine Veränderung beginnt immer mit einer Bestandsaufnahme. Wo stehe ich gerade? Akzeptiere diesen Standort, denn alles Jammern oder auch Selbstvorwürfe bringen uns hier nicht weiter. Die Situation zu betrachten und als Möglichkeit zu nutzen, vorwärtszukommen, hilft dir, aus negativen Gedankenspiralen herauszukommen.

Je mehr wir über vergangene Dinge grübeln, nicht in Frieden kommen, immer wieder die Ereignisse wieder aufleben lassen, desto stärker werden die negativen Gefühle, die damit zusammenhängen.

2 KENNTNIS DER EIGENEN BEDÜRFNISSE

Du kannst umso besser für dich sorgen, je besser du deinen Körper kennst und weißt, was dich gesund hält und was deine Bedürfnisse befriedigt. Umso einfacher ist es für dich, in einen Zustand zu kommen, der eine Basis für dein gesamtes Wohlbefinden darstellt. Probleme zu bewältigen und Krisen gut zu überstehen hat auch immer damit zu tun, wie ich Probleme generell betrachte. Sind sie eine Herausforderung oder eine Last?

Häufig glauben wir, dass wir Geld brauchen, um glücklich zu sein. Wir richten uns in dieser Gesellschaft viel an materiellen Dingen aus. Doch:

- Was brauche ich wirklich?
- Welche Art Mensch bin ich also oder entscheide ich zu sein?
- Glaube ich daran, dass ich in der Lage sein werde, eine Herausforderung zu meistern?
- Kenne ich meine Fähigkeiten?
- Weiß ich, auf welche Stärken ich zurückgreifen kann?
- Weiß ich, wie ich diese auch auf das Heute übertragen kann?
- Bin ich bereit zu lernen?
- Was sind meine spirituellen Werte?

TIPP

Schreibe dir auf, was dir wirklich wichtig ist im Leben und lerne dich selbst besser kennen. Denn je besser du dich kennst, desto mehr kannst du selbst dafür sorgen, dass deine echten Bedürfnisse erfüllt sind, die dich dann stärken werden. Nur so kannst du deine Ziele und Träume erreichen, ohne dich zu erschöpfen. Nicht alle Dinge, die wir tun, erschöpfen uns, es sind die falschen Dinge, die uns krank machen.

3 KENNTNIS DER EIGENEN STÄRKEN

Diese Fähigkeit über die Kenntnis der eigenen Stärken lässt sich trainieren. Du kannst zum Beispiel auf einem Zeitstrahl in deine Vergangenheit zurückkreisen und dir vergegenwärtigen, welche Probleme du in deinem Leben schon gelöst hast. Frage dich, welche Fähigkeiten dafür notwendig waren. Denn diese Fähigkeiten hast du ja immer noch, diese gehen dir nicht verloren.

Etwas, was du einmal geschafft hast, kannst du immer wieder schaffen. Viele erfolgreiche Menschen hatten in ihrem Leben alles verloren. Sie waren gezwungen, ihr Leben von Grund auf oder Null an wieder aufzubauen, hatten oft sogar große Schulden angehäuft.

Dies ist kein Spaziergang, doch geschafft haben sie es, indem sie die Fähigkeiten genutzt haben, die sie in ihrem Leben ausgebildet hatten. Schreibe dir diese Fähigkeiten und Stärken auf, mit denen du schon Krisen überwinden konntest und überlege dir, wie du sie heute anwenden oder auf heutige Probleme übertragen kannst.

TIPP
Erstelle regelmäßig Listen deiner größten Erfolge, vor allem, wenn es dir nicht gut geht. Ergänze das regelmäßig, halte dir die Erfolge vor Augen. Nutze sie als persönlichen Motivationstrainer.

Vielleicht kannst du dir die wichtigsten Dinge auf einen Zettel schreiben, der gut sichtbar in der Wohnung liegt oder an deinem Badezimmerspiegel klebt, wo er dich morgens schon daran erinnert, was du geschafft hast.

4 DIE EIGENEN SCHWÄCHEN AKZEPTIEREN

Wir wurden so erzogen, dass unser Fokus auf dem liegt, was nicht gut war, auf den Fehlern. Allein der Rotstift in der Schule hat wohl bei den meisten von uns dafür gesorgt, dass wir Angst vor Fehlern haben, unsere Schwächen sehen, die wir nun versuchen auszumerzen, statt uns auf die Stärken zu konzentrieren. Die meisten Gespräche im Alltag, im Fernsehen, in Beziehungen, drehen sich um das, was nicht gut läuft. Das, was falsch war.

Wenn du es schaffst, hier deine Sichtweise zu ändern, wird es dir schnell besser gehen. Mein Rat ist, die Dinge als etwas Gutes zu betrachten, die nicht so glorreich liefen. Denn nur so kannst du dich auch weiterentwickeln. Der Erfinder der Glühlampe hat übrigens viele tausend Mal eine Birne herstellen müssen, bevor er eine funktionierende Glühbirne erfunden hatte, wie sie später in jedem Haus zu finden war. Stell' dir vor, er hätte nach drei Versuchen aufgegeben.

Es geht hier überhaupt nicht darum, aus den Schwächen eine Stärke zu machen, sondern eher aus den Fehlern zu lernen und dich auf das zu konzentrieren, was du wirklich gut kannst, und die anderen Dinge anderen Menschen zu überlassen. Wir versuchen so häufig, uns in Bereichen zu optimieren, die gar nicht unser Potenzial sind – das erschöpft ungemein und ist nicht notwendig. Dieser Optimierungswahn ist lediglich eine Erfindung der Selbstoptimierungsindustrie.

TIPP

Mache eine Liste mit den Dingen, die du nicht an dir magst und arbeite mit Vergebungsritualen. Verzeihe dir und den Menschen, die damit zu tun haben oder die du möglicherweise verantwortlich machst. Ändere deine Glaubenssätze dazu und deine innere Haltung, übernimm die volle Verantwortung für dich selbst und dein Leben.

5 SELBSTVERTRAUEN & SELBSTBEWUSSTSEIN

Hierfür ist natürlich ein gutes Selbstvertrauen oder ein Selbstbewusstsein notwendig. Dieses erhalten wir nicht einfach so von allein. Es resultiert meist aus Erfahrungen, die wir gemacht haben. Nicht nur als Erwachsene, sondern auch als Kinder. Wie schon erwähnt, hatten wir nicht alle ein wundervolles Elternhaus, das uns gefördert hat in unseren ersten Lebensjahren. Doch diese positiven, notwendigen Erfahrungen können wir mehr oder weniger herbeirufen oder stärken.

Zum einen hat Selbstvertrauen damit zu tun, dass ich mir selber vertrauen kann. Frage dich also einmal, wie sehr du dir selbst gegenüber verbindlich bist. Hältst du deine Versprechen, die du dir selber gegeben hast? Je mehr du dir selber vertrauen kannst, desto mehr innere Stärke bildest du automatisch aus. An jedem Tag gibt es Dinge, die einen Erfolg für dich bedeuten können. Auch wenn es nur Kleinigkeiten sind. Mache es dir zur Gewohnheit, am Abend den Tag zu reflektieren und dir zu überlegen, was gut gelaufen ist, was dir gefallen hat, welche Erfolge du hattest. Schreib es am besten jeden Abend auf, auch kleine Dinge dürfen in die Listen hinein.

Eine schöne, leckere Mahlzeit, die gut geputzten Schuhe, ein Parkplatz. Denn so übst du deinen Geist darin, deine Erfolge zu sehen und auch anzuerkennen. Wir müssen häufig üben, unsere Erfolge überhaupt als solche wahrzunehmen und sie uns auch vor Augen zu halten. So fangen wir an, uns erfolgreich zu fühlen und unser Selbstbewusstsein aufzubauen, Schritt für Schritt. Wir neigen dazu, in erster Linie das Negative in unserem Leben zu sehen und den inneren Kritiker viel zu laut werden zu lassen. Das ist eine Angewohnheit, die meist aus der Kindheit herrührt.

Wir brauchen positive Erfahrungen, um stärker zu werden. Und indem wir Verantwortung für uns selbst übernehmen, sorgen wir selbst dafür, dass wir die diese positiven Erfahrungen und Erfolge selber schaffen, indem wir beginnen, unser Bewusstsein für uns und unsere Stärken zu schärfen.

6 SELBSTLIEBE

Hierzu gehört auch die Selbstliebe. Du darfst in deinem Leben an erster Stelle stehen, das ist kein Egoismus im negativen Sinne. Du bist wichtig und wenn es dir gut geht, dann kannst du dich auch um die anderen kümmern. Doch wenn du immer nur für andere Menschen sorgst und ihnen mehr gibst als dir selbst, dann – das kommt dir vielleicht bekannt vor – fühlst du dich ausgelaugt. Du verlierst Kraft. Daher ist es wichtig und essenziell, zunächst deine eigenen Bedürfnisse zu stillen.

Selbstfürsorge und Selbstempathie sind die Grundlagen allen Glücks in deinem Leben. Je mehr Selbstliebe du dir zukommen lassen kannst, desto weniger musst du dich damit „aufhalten", andere Menschen zu beurteilen oder verurteilen. Je mehr du dich selbst liebst, desto mehr kannst du auch die „Macken" von anderen Menschen gelassen hinnehmen.

Denn je weniger du an dir selber kritisierst, desto weniger tust du es bei anderen. Das ist eine unglaubliche Zeitersparnis auf der einen Seite und bringt dir eine große Gelassenheit auf der anderen.

Mit einer großen Portion Selbstliebe ist es auch einfacher, sein Umfeld positiv zu gestalten. Was ich damit meine: Ein soziales Netzwerk mit Menschen, die dich unterstützen, die praktisch deine zweite Familie sind, hilft dir dabei, dein Leben so zu gestalten, dass es erfolgreich ist. Ich spreche nicht nur von beruflichem Erfolg, sondern auch von privatem Glück.

Über die Selbstliebe habe ich ein ganzes Buch geschrieben, da dieses Thema natürlich selbst sehr komplex ist.

TIPP

Überlege dir jeden Tag, was du heute Schönes für dich selbst tun kannst und wie du diesen Tag verbringen möchtest.

7 NEUGIER UND DEINE KOMFORTZONE

Zu Beginn erscheinen uns Veränderungen meist sehr schwer und unkomfortabel. Häufig haben wir Angst vor dem Ungewissen. Daher spricht man auch von der Komfortzone: Dies ist ein Bereich, aus dem wir ungern heraus möchten. Hier kennen wir uns aus, hier sind wir zu Hause, leben in unser gewohntes Leben, sind in gewohnten Verhaltensmustern und lieb gewonnenen Gewohnheiten. Auch wenn sie uns nicht guttun, schön einfach und bequem sind sie meistens. Wir wissen, was geschehen wird, nichts Unberechenbares geschieht hier. Auch wenn es kein gutes Gefühl ist, es ist Heimat.

Es ist leichter, einfach weiter zu rauchen, statt die Qualen der Disziplin auf sich zu nehmen. Es ist einfacher, im alten Job zu bleiben, statt zu kündigen, denn wer weiß, was passieren wird. Auch wenn es mir nicht gefällt, wo ich bin: Hier bin ich sicher.

Alles was neu ist, das muss erst ein wenig mühsam antrainiert werden und bereitet uns meistens auch ein wenig Angst. Doch genau hier ist der Übergang zum Fortschritt.

Genau hier liegt die Chance für eine Transformation. Dieser kleine Schritt aus unserer Komfortzone heraus, der uns unseren Ängsten ein wenig näherbringt, das ist der Schritt, der für eine Veränderung sorgt und für die Entwicklung einer Stärke.

Eine Voraussetzung, um eigene Stärken auszubilden oder auch die eigenen Möglichkeiten zu erweitern, sind eine gesunde Neugier und die Lust auf kleine Abenteuer. Denn dies brauchst du für die Bereitschaft, zu lernen bzw. dich weiterzuentwickeln. Denn nichts anderes ist das Stärken deiner Resilienz. Es ist eine Art Neugier und Lust, aus der Komfortzone zu krabbeln, die persönliche Weiterentwicklung und das persönliche Lernen.

Hierzu gehört auch, die Komfortzone zu verlassen. Die Bereiche in deinem Leben, die du schon richtig gut kennst, die wollen irgendwann verlassen werden. Meist macht uns dies ein wenig Angst, doch liegt hier auch das Potenzial, weiterzukommen. Ich weiß, gerade habe ich noch über den Optimierungswahn geschimpft. Doch für mich sind es zwei verschiedene Dinge, sich zu entwickeln oder zu versuchen, Schwächen auszumerzen.

Neue Dinge zu machen, das Gehirn zu trainieren, sich etwas zu trauen, das alles ist gut für das Selbstbewusstsein, für die Selbstliebe, das hält uns frisch. Das kann dein Leben auf ein ganz neues Level bringen, das von Freude und Glück geprägt ist – das Glück liegt nämlich außerhalb der Komfortzone.

TIPP

Fange mit kleinen Dingen an, die du verändern kannst, auch ruhig mal verrückte Dinge. So kannst du im Kleinen üben, ohne dass es gefährlich wird.

Nimm morgens die Kaffeetasse in die andere Hand, ändere den Weg zum Einkaufen, räume die Schränke in der Küche um, probiere mal ein anderes Essen aus, putze deine Zähne mit der linken Hand.

Probiere neue Hobbys und lese Bücher, die du sonst vielleicht nicht lesen würdest. Öffne deinen Horizont.

Das hilft dir, eingefahrene Wege zu verlassen.

8 DEINE ENTSCHEIDUNGEN UND DIE INNERE HALTUNG

Letztlich ist es auch deine innere Haltung, die dich dabei unterstützen wird, wie du mit Krisen, vor allem mit den Krisen in deinem Leben, umgehst. Verstehst du Erlebnisse als Drama? Bewertest du Erlebnisse generell eher negativ – oder dürfen auch Fehler in deinem Leben eine gewisse Neutralität behalten, indem du dir Fehler zugestehst, um zu lernen?

Wenn wir niemals Fehler machen würden, würden wir stagnieren. Nur an einem Fehler kannst du erkennen, in welche Richtung es in deinem Leben weitergehen soll. Du lernst dazu, gehst voran, bekommst mehr Fähigkeiten, die nur im Üben entwickelt werden können.

Wenn du einen Kampfsport lernst, dann wirst du nur lernen, wenn du auch in den Ring steigst, dich dem Kampf stellst, wenn du dem Gegner auch mal unterlegen bist. Denn wie sollte sonst dein Coach erkennen, wo er dich trainieren muss?

Nur so kannst du erfahren, wo du noch üben musst, wo du besser werden kannst. Rückschläge oder Fehler nicht als Zeichen zu sehen, dass es jetzt an der Reihe ist aufzugeben, sondern weiterzugehen, und zwar mit den neuen Erkenntnissen: Das macht deine Widerstandskraft stärker. Denn Resilienz ist erlernbar!

Mit jeder einzelnen Herausforderung bist du stärker. Du wirst dich immer schneller daran erinnern, dass du die Möglichkeit hast und auch die Stärke hast, diese Herausforderung zu überwinden. Mit jedem Mal wird es einfacher, und irgendwann wirst du darüber lachen können, wie verzweifelt du vielleicht einmal warst. Jeder von uns hat Punkte im Leben, in denen wir denken: *„Das war's jetzt. Ich kann nicht mehr."* oder: *„Da komme ich nicht mehr heraus."* Und doch ist es meist so, dass wir Wege und Unterstützer finden können, um uns aus diesen Situationen herauszuarbeiten. Und von Mal zu Mal wird es leichter.

TIPP

Stelle dir folgende Fragen:

- *Wie kann ich wieder mehr in die Eigenverantwortung in meinem Leben gehen?*
- *Wie kann ich noch mehr über mich selbst erfahren?*
- *Was oder wer könnte mir helfen, mich selbst besser zu reflektieren?*
- *Welche Schwächen habe ich, die mich belasten und wie kann ich sie loslassen, diese Sorge darüber?*
- *Welche Schwächen habe ich, mit denen ich in Frieden kommen darf?*
- *Was heißen die Begriffe Selbstbewusstsein und Selbstvertrauen für mich persönlich, wie würde ich sie definieren?*
- *Was macht mich besonders als Mensch?*
- *Wo könnte ich in Zukunft meine Komfortzone öfter verlassen bzw. wo bin ich etwas bequem?*
- *Habe ich Ziele in meinem Leben und wenn: welche?*

Könnte ich die Selbstliebe als Lebenseinstellung betrachten und als Motivation meiner Ziele einsetzen?

9 CARPE DIEM

Wenn du weißt, was du willst, dann plane und überlege, wie du aus der Situation, die dir gerade vielleicht nicht so guttut, herauskommst. Die Träume zu leben, sie umzusetzen, das macht uns glücklich. Es kann sehr frustrierend sein, den eigenen Wünschen niemals zu folgen.

Wir leben alle nur einmal, und das sollte uns täglich bewusst sein, ganz nach dem Motto „carpe diem". Nutze den Tag. Das Leben aktiv in die eigenen Hände zu nehmen, bringt uns aus dem Gefühl heraus, uns als Opfer zu fühlen.

10 HÖRE AUF, DICH MIT ANDEREN ZU VERGLEICHEN

Vergleiche mit anderen Menschen werden dich nicht weiterbringen. Erstens wird es immer einen Menschen geben, der in etwas besser ist als du, und zweitens wirst du dich eher dort vergleichen, wo du eine Schwäche und keine Stärke hast. Wir tun das, um dazuzugehören, um nicht allein zu sein. Doch dürfen wir unsere Träume, Visionen und Wünsche nicht darüber hintenanstellen und auch nicht unser Potenzial.

Wir Menschen sind so unterschiedlich wie unsere Fingerabdrücke. Jeder hat ein anderes Potenzial, eine andere Art in Beziehung zu treten, zu sprechen, aufzutreten, Aufgaben zu erledigen und so weiter. Vergleiche dich nicht, sondern beziehe dich auf dich selbst oder dein jüngeres Ich.

11 ANDERE MENSCHEN DÜRFEN DICH INSPIRIEREN

Statt dich mit anderen zu vergleichen, darfst du sie jedoch gern als Inspiration nehmen. Was bringt dich weiter, wer hilft dir, deine Stärken zu entwickeln? Wer macht dir Mut? Wer tut Dinge, die deinen Werten entsprechen?

Das können Freunde sein, Künstler, Unternehmer, Musikstücke.

12 BELOHNE DICH REGELMÄßIG

Den Tipp, Dinge aufzuschreiben, die dir gut gelungen sind, die dir gefallen haben, dich erfreut haben, habe ich ja schon erwähnt. Belohnst du dich auch für Dinge, die du gut gemeistert hast?

Dies ist ebenso wichtig – nichts ist selbstverständlich. Der Tag ist voll von Aktivitäten, bewusste und unbewusste. Belohne dich dafür, klopfe dir selbst auf die Schulter und sage dir, wie gut du dies oder jenes geschafft hast und erlaube dir, in gute Gefühle zu kommen.

Nur so kannst du ein Selbstvertrauen entwickeln, dass dich trägt.

Neben dem Lob kannst du dich auch mit schönen Terminen belohnen. Das kann einfach eine schöne „*Me-Time*" sein, Zeit nur für dich in der Natur, aber auch:

- o Ein schönes neues Buch kaufen.
- o Einen Wochenendtrip planen.
- o Mal wieder ins Kino gehen.
- o Kaffee trinken gehen.
- o Eine Massage buchen.
- o In der Badewanne liegen.
- o Einen guten Freund zum Essen einladen.
- o Ein wundervoller Spaziergang am See.
- o Ein Stadtbummel.

Denke dir selbst Dinge aus, die dir gefallen oder die du schon immer tun wolltest.

13 DIE BERÜHMTE LÖFFEL-LISTE

Hast du schon von der Löffel-Liste gehört? Sie wird auch im Englischen *Bucket List* genannt. Das ist die Liste mit schönen Dingen, die du noch erleben willst, bevor du den Löffel abgibst.

Bekannt wurde die Löffel-Liste bzw. *Bucket List* erst so richtig durch den Film *„Das Beste kommt zum Schluss"* [5] mit Jack Nicholson und Morgan Freeman aus dem Jahr 2007.

Warum solltest du das tun?

Unser Leben ist begrenzt – wir verschieben unsere Träume häufig so oft, bis es zu spät ist. Damit du nichts bereust bzw. nicht bereust, etwas nicht getan zu haben, dazu dient diese Liste.

Hole dir deine Träume immer wieder ins Gedächtnis, das motiviert auch gleichzeitig Ziele zu erreichen und einen Sinn im Leben zu haben.

Indem du dir alles aufschreibst, bist du dir selbst gegenüber verbindlich, die Wünsche werden plastischer. Wie oft vergessen wir, was wir alles noch tun wollten, es rückt im Alltag in den Hintergrund. Sich die Wünsche vor Augen zu halten, kann ein schöner Ansporn sein.

Dies hat auch mit deiner Selbstliebe zu tun – lebst du das Leben, dass du leben möchtest? Wie sehr hast du den Fokus auf dich und die Dinge, die du liebst? Wachse über dich hinaus und erlaube dir, groß zu träumen und diese auch im Laufe deines Lebens umzusetzen.

---

[5] englischer Titel *„The Bucket List"*

14 ACHTE AUF DEINE SPRACHE

Ironie, Sarkasmus, Zynismus – ich weiß, dass in „unserer Welt" viele Menschen glauben, dass dies lustige Arten sind, Dinge oder Ereignisse auszudrücken. Für mich drückt dies eher Hilflosigkeit aus. Dies zeigt meiner Meinung nach, dass Kritik geübt wird und die Haltung dahinter eine ziemlich negative ist.

Frage dich doch einmal:

- Wie ist die Grundstimmung in dem, was ich sage?
- Welche Worte wähle ich?
- Spreche ich über positive Dinge oder eher über negative Dinge?

Damit meine ich nicht, dass du negative Dinge verdrängen sollst oder noch schlimmer negative Gefühle wegdrücken sollst. Doch es kommt auf die innere Haltung an und den Fokus, der zu einer Gewohnheit werden kann.

15 ACHTE AUF DEINE GEDANKEN

Damit komme ich direkt zum nächsten Punkt. Welche Gedanken stecken hinter deiner Sprache, hinter deinen Worten? Aus einer negativen Haltung heraus lassen sich schlecht positive Lösungen finden. Sehr schnell neigen wir dazu, andere Menschen zu verurteilen oder das, was wir an uns selbst nicht mögen, auf andere zu projizieren. Wir machen andere Menschen schlecht, statt Verständnis zu haben.

Eine gute Balance zwischen gesundem Grenzen ziehen und den anderen so sein lassen zu können, wie er ist, ist unerlässlich für den eigenen inneren Frieden.

Das, was ich ausstrahle, das kommt auch zurück.
Oder: Wie man in den Wald ruft, so schallt es heraus.

16 KOMPLIMENTE FÜR ANDERE!

Diesen Tipp der Resonanz kannst du direkt aufgreifen und öfter mal Komplimente an deine Mitmenschen verteilen. Lächele andere an, sage ihnen etwas Nettes, dafür muss es keinen bestimmten Grund geben, es sollte jedoch ehrlich gemeint sein.

Wie oft fühlen wir uns ungeliebt, nicht gemocht, nicht wertgeschätzt. Frei nach dem Motto: Wie man in den Wald ruft ... Sei du die Veränderung, die du dir in der Welt wünschen würdest, beginne bei dir selbst.

17 DEN KÖRPER NICHT VERGESSEN

Wer den ganzen Tag mit hängen Schultern durch die Gegend läuft, wer immer auf sein Handy starrt, wer einen schlurfenden Gang hat, der wird bald auch keine schönen Gefühle mehr aufbauen können.

Der Körper beeinflusst die Gefühle ebenso wie die Gefühle den Körper beeinflussen. Nicht umsonst kann man an der Körpersprache viel über den Menschen ablesen. Ebenso kannst du an deinem Selbstbewusstsein, deinem Selbstvertrauen und an deiner Lebensfreude arbeiten, wenn du aktiv deinen Körper einsetzt. Stelle dich einmal vor einen großen Spiegel und spiele ein wenig mit verschiedener Haltung und spüre in dich hinein, wie du dich fühlst.

Denke täglich daran, deinen Körper mit in die Veränderung einzubeziehen. Hebe den Kopf, richte dich auf und mache dich bereit, dich freudig neuen Herausforderungen zu stellen.

18 POSITIVES FOKUSSIEREN

Nachrichten im Fernsehen, im Internet und in der Tageszeitung sind meist negativ. Mich persönlich kann das ganz schön herunterziehen. Frage dich einmal ehrlich, wie oft du Nachrichten hörst oder liest und wie viel davon wirklich, wirklich notwendig ist. Wie sehr belastet dich dies? Und wäre es möglich, dies zu reduzieren oder auch Nachrichten zu lesen, die positiv sind?

19 AKTIVE SUCHE NACH POSITIVEN DINGEN

Dies müssen nicht nur Nachrichten sein – du kannst aktiv die Absicht setzen, positive Dinge sehen zu wollen. Tue selbst Positives und halte danach Ausschau, dann wirst du täglich mehr davon erleben. Dies wird dich motivieren und nachhaltig deine Stärken beeinflussen, deine Lebensfreude und deine Energie. Hast du schon einmal charismatische Menschen erlebt? Sie strahlen Kraft und Lebensfreude aus!

20 MEHR LACHEN

Lachen ist auch ein körperlicher Vorgang und das Hochziehen der Mundwinkel bewirkt eine Hormonausschüttung im Körper.

Auch über sich selbst zu lachen ist hilfreich. Auch die Dinge nicht zu ernst zu nehmen, bringt mehr Leichtigkeit ins Leben, denn so kannst du negative Dinge viel leichter loslassen.

Es muss nicht gleich ein Kurs im Lach-Yoga sein, doch etwas mehr lachen, vor allem herzlich, ist absolut hilfreich und bringt die Energie nach oben.

21 SELBSTERMÄCHTIGUNG

Je mehr wir davon ausgehen, dass wir die Dinge in unserem Leben in der Hand haben und zumindest dafür sorgen können, dass wir positive Gedanken und Gefühle haben und niemand uns dies nehmen kann, desto weniger sind wir im Opfergefühl. Eine echte Sicherheit wird es nie in unserem Leben geben, nicht auf dieser Erde, es wird immer Veränderungen geben, schlimme Schicksalsschläge.

Und auch wenn sich das jetzt hart anhört: Wir haben nur die Chance zu lernen, damit umzugehen. Die beste Chance haben wir, wenn wir uns nicht in die Opferrolle begeben, sondern uns vor Augen halten, was wir selbst tun können, damit es uns gut geht.

Sobald wir im Opfer sind, werden wir Angst empfinden, Unsicherheit, wir sind wie gelähmt und fühlen uns ohnmächtig, handlungsunfähig.

Häufig ist hier gefragt, einen Plan zu entwerfen, den Mut zusammenzufassen und positiv zu denken. In guter Energie lassen sich am besten Lösungen finden. Das Gute: Das Unterbewusstsein möchte uns helfen. Es wird uns auf das aufmerksam werden lassen, was wir glauben – glauben wir an Lösungen, werden wir diese auch besser erkennen können.

22 DEINE ZEITEINTEILUNG UND KALENDER

Zur Resilienz gehört auch, sich nicht zu verzetteln. Organisiert zu sein, zu wissen, was die nächsten Schritte sind, einen klaren Kopf zu behalten. Wenn du generell Probleme damit hast, dich zu organisieren, möchte ich dir dringend Tools empfehlen. Ich arbeite selbst seit Jahren mit einem Google-Kalender, in den ich alles eintrage, von der Freizeit bis hin zu Kundenterminen und geplanten Abgaben für Aufträge.

Sport, Freizeit, Freunde treffen, Schlafenszeit, all das findet sich in meinem Kalender neben der Arbeitszeit. Am besten gibst du allen Lebensbereichen unterschiedliche Farben.

Jetzt denkst du vielleicht: Das überfordert mich. Doch ich kann dir versprechen, dass das Gegenteil der Fall ist. So ein Kalender zeigt dir alles, was wichtig ist und du musst nicht überlegen, was als Nächstes notwendig ist. Dieses Tool gibt einem sehr viel Sicherheit und mehr Freizeit.

23 ACHTSAMKEIT

Achtsamkeit und Reflexion haben viel damit zu tun, zu entschleunigen und sich selbst besser kennenzulernen.

Achtsamkeit hilft dir, dich selbst besser zu erkennen und mehr zu dir zu finden. Du hast eine wunderbare Möglichkeit, deine innere Weisheit wieder zu sehen oder zu hören, je nachdem, ob du eher ein auditiver Typ bist oder mit Bildern besser umgehen kannst.

Achtsamkeit bedeutet, den Moment mehr wahrzunehmen und sich zu verlangsamen. So wird mehr Genuss möglich als auch mehr Selbsterkenntnis, denn nur im Jetzt können wir wirklich, wirklich mit unserem Körper genießen und das sorgenvolle Kopfkino abstellen.

Solltest du dich im Leben verloren haben, und das kann unterschiedliche Gründe haben, dann sind Achtsamkeitsübungen ein guter Weg, um zurück zu sich selbst zu finden.

TIPP

Nimm' dir für jede Tätigkeit Zeit, mache nie zwei Dinge auf einmal. Im Alltag geht so viel von unserer Aufmerksamkeit verloren. Versuche im Moment zu sein, im Hier und Jetzt und konzentriere dich auf den Moment, in dem du gerade bist. Halt inne. Spüre in deinen Körper hinein. Wie geht es dir gerade jetzt?

Betrachte alles um dich herum mit den Augen eines Kindes. Stell dir vor, du würdest die Welt zum ersten Mal sehen, wie nimmst du die Farben und Formen wahr? Wie empfindest du die Geräusche um dich herum?

24 MEDITATION

Meditation geht noch einen Schritt weiter und ist eine Art Versenkung, ein Abschalten, den Fokus halten. Es bedeutet, den Fokus auf die Innenwelt zu halten. Viele Menschen glauben, nicht meditieren zu können, doch mit der richtigen Anleitung klappt es garantiert. Wirkliche, tiefgreifende Veränderung ist nicht in jedem Zustand möglich. Nur mit Bewusstsein ist eine Veränderung möglich – und wir müssen eine Art Leere schaffen, um neue Ideen entstehen lassen zu können. Auf einem vollen Blatt Papier lässt sich schlecht zeichnen, vor allem nichts Neues. Ängste und Depressionen lassen sich laut Studien sehr gut mit Meditation und Achtsamkeit mildern. Setze oder lege dich gemütlich hin und sorge dafür, dass du die nächsten Minuten oder die nächste halbe Stunde nicht gestört wirst. Wenn du möchtest, dann zünde dir noch eine Kerze an, damit es richtig gemütlich wird. Wenn du magst, lege jetzt deine Hände auf die Oberschenkel, zum Beispiel mit den Handflächen nach oben.

Schließe nun deine Augen.

- Nun kannst du beginnen, auf deinen Atem zu achten.

- Spüre, wie angenehm sanft der Atem in den Körper hinein und hinaus fließt.

- Achte einige Zeit auf deinen Atem und beginne jetzt, nach dem Einatmen, den Atem kurz zu halten und erst dann langsam auszuatmen.

- Dann hältst du wieder kurz den Atem an und fängst erst dann wieder an einzuatmen.

- Du kannst jetzt zählen, wenn du möchtest, zum Beispiel in Fünferschritten – von 1-5 einatmen, dann von 1-5 halten und von 1-5 ausatmen.

- Dann von 1-5 halten. Und dann beginnst du wieder von vorne.

Mache diese Übung ruhig bis zu 7-mal hintereinander.

25 WER BIST DU WIRKLICH?

Es gibt so viele Meinungen, Ziele, Werte, Richtungen. Was ist das, was dir im Leben wichtig ist? Was ist „dein Warum" im Leben, was möchtest du erreichen, was ist dir persönlich wichtig?

Ohne Ziele und Richtungen wissen wir oft nicht, wozu wir auf der Welt sind, und es fehlt uns die Sinnhaftigkeit. Und Ziele, die uns einen Sinn geben, geben uns gleichzeitig auch ein tiefes Gefühl von Erfüllung.

Doch auch für uns selbst brauchen wir eine Richtung.

o   Was sind deine persönlichen Werte im Leben, was liegt dir am Herzen, wofür würdest du immer kämpfen?

o   Was wäre für dich ein großer Verlust, wenn es nicht mehr da wäre?

o   Wofür brennt dein Herz?

o   Das alles bestimmt die Richtung deines Lebens, bestimmt die Aufgaben, die du im Leben hast und gibt deinem Leben einen Sinn.

Das Ziel brauchst du, weil du sonst gar keine Lust hast, die Segel zu setzen – du musst erst wissen, in welche Richtung es denn gehen soll.

Was ist in deinem Leben am wichtigsten?

26 DANKBARKEIT

Heilung beginnt im Kopf. Dankbarkeit macht glücklich, zumindest innerlich reich und verlängert die Lebensspanne. Jedenfalls sagen das die Neurowissenschaftler. Dankbarkeit sollte jedoch keine Anstandsregel sein, wie wir sie als Kinder gelernt haben.

Echte Dankbarkeit ist fühlbar, spürbar und lässt uns im „Hier und Jetzt" verweilen. Nur hier und jetzt ist alles in Ordnung, wie es ist. Dankbarkeit öffnet das Herz und lässt keinen Groll zu. Mit der Dankbarkeit hast du keine Chance, schlechte Gefühle aufrechtzuerhalten, denn sie erlaubt dir, Freude zu fühlen. Wenn du regelmäßig die Übung machst, Dankbarkeit in dein Leben einzuladen, wirst du bald eine positive Veränderung bemerken.

Die **Übungen zur Dankbarkeit** schulen gleichzeitig deine Achtsamkeit. Ständig hört man überall, wie wichtig Achtsamkeit ist, doch kaum jemand kann genau sagen, was dies genau ist.

Achtsamkeit ist kein Gefühl, sondern eher eine Haltung.

Diese **innere Haltung** hilft dir, all das bewusster zu erleben, wahrzunehmen und zu spüren, was gerade vorgeht. Zuallererst natürlich in dir selbst. Aber auch in Bezug auf die Dinge, die du erlebst und die dich umgeben.

27 ENTSCHEIDUNGEN

Entscheidungen lassen sich am besten treffen, wenn man seine ureigene innere Stimme kennt.

Wie gut kennst du eigentlich deine Körpersignale?

Es ist einfach nicht wahr, dass wir alle auf die gleiche Art und Weise unsere innere Stimme hören. Wir alle haben eine andere Art der Intuition beziehungsweise der inneren Stimme, die uns Hinweise auf unsere Entscheidungen gibt. Ob etwas gut für uns ist oder eben nicht gut für uns ist, lässt sich über unseren Körper erfahren.

Es gibt Menschen, bei denen dauert der Entscheidungsprozess bei wichtigen Entscheidungen mindestens einen Mondzyklus, also 30 Tage. Das sind im Human Design die so genannten Reflektoren. Andere wiederum erfahren diese innere Stimme eher körperlich bzw. auch emotional, also als Gefühl.

Wie ist es bei dir? Kannst du gut Entscheidungen treffen? Sie zu treffen ist wichtig, weil auch dies ein Teil der Selbstermächtigung ist und uns auch weiterbringt. Nur so ist Fortschritt möglich.

Tipp

Überlege, wie und wo im Körper du in der Vergangenheit spüren konntest, wann eine Entscheidung richtig war.

Frage dich, ob es ein Muster gibt.

o Gleiche deine Ziele mit deinen echten Werten und Bedürfnissen ab! Ist das wirklich dein Ziel, kannst du es ethisch vertreten, ist es aus deinen Wünschen entsprungen – oder will vielleicht jemand anders, dass du z. B. ein Studium beginnst, sportlicher wirst, deine Ernährung umstellst.

o Formuliere Ziele immer schriftlich. Hänge die Liste sichtbar in der Wohnung auf.

o Unterscheide langfristige und kurzfristige Ziele – vermische sie nicht.

o Setze Prioritäten. Die drei wichtigsten Ziele kannst du offen aufhängen, die restlichen Ziele legst du z. B. in einem Buch schriftlich nieder, um sie nicht zu vergessen und nimmst sie danach in Angriff.

o Verändere dein Leben in KLEINEN Schritten. Teil ein großes Ziel in kleine Häppchen auf. Maximal ein kleiner Veränderungs-Schritt pro Tag oder Woche.

o Neue Gewohnheiten brauchen, bis sie etabliert sind. Du brauchst ca. 21 – 30 Tage, um aus einer neuen Handlung eine automatische Gewohnheit zu machen.

o Nutze auf den Listen auch Post-its, damit du flexibel die Reihenfolge auf der Liste ändern kannst und auch Punkte ändern oder ersetzen – dann musst du nicht dauernd die Liste neu erstellen!

29 KREATIVE TIPPS FÜR GANZ KONKRETE ZIELE

1. Ziele für diesen Tag

2. Ziele für diese Woche

3. Ziele für dieses Wochenende

4. Ziele für deine Gesundheit

5. Ziele für den nächsten Urlaub

6. Ziele für Bücher, die du lesen möchtest

7. Ziele für deine Pausen in der Woche

8. Ziele für deine Rituale

9. Ziele für deine Meditationen

10. Ziele für gesundes Essen

11. Ziele für positive Sprache

12. Ziele für Sport am Morgen

13. Ziele für regelmäßiges Journaling

14. Ziele für tägliche Intentionen

15. Ziele, die täglich dein Leben verbessern

16. Ziele für drei kleine neue Schritte pro Tag

17. Ziele für jede Stunde (z. B. Wasser trinken)

18. Ziele für was du loslassen möchtest

19. Ziele für Ehrlichkeit

20. Ziele für Achtsamkeit

21. Ziele dich zu beschenken

22. Ziele dich zu loben

23. Ziele für dein abendliches Dankbarkeitsritual

24. Ziele für ein Job-Projekt

25. Ziele und Ideen für passives Einkommen

26. Ziele für bessere Beziehungen

27. Ziele für leichteres Sparen

28. Ziele für einen besseren Umgang mit dir selbst

29. Ziele für Dinge, die du in deinem Leben noch vorhast

30. Ziele für das Transformieren alter Muster

30 MORGENSTUND HAT GOLD IM MUND

Am Morgen nach dem Aufstehen sind wir am kreativsten!

Wusstest du, dass du morgens am produktivsten und am kreativsten bist? Klarheit und Konzentration sind Qualitäten des Morgens.

Falls du zu denen gehörst, die sich morgens keine Extra-Zeit für sich selbst nehmen, sondern auf den letzten Drücker aus dem Bett springen und dann aus dem Haus rennen oder in das nächste Meeting, solltest du das vielleicht ändern.

Warum?

Nichts stresst unser System so sehr wie ein hektischer Morgen, denn so wie der Tag beginnt, so endet er auch – mit schneller Erschöpfung. Auch das Handy, E-Mails, WhatsApp-Nachrichten und Ähnliches sollten direkt nach dem Aufstehen tabu sein.

Wenn du nach dem Aufstehen direkt am Handy oder Rechner schreibst/liest, bist du direkt abgelenkt und kannst dich nicht mehr auf deine Prioritäten fokussieren! Du bist sofort gedanklich im Alltag. Nutze den Morgen, um mit deinem besten Freund, deinem Unterbewusstsein, zusammenzuarbeiten.

31 WARUM ROUTINEN WICHTIG SIND!

Im Volksmund sagt man: *„Der Gaul springt nur so hoch, wie er muss."* Etwas liebevoller ausgedrückt heißt das: Wir sind alle etwas faul, wenn es um Veränderung geht. Daher müssen wir uns, wenn wir eine Veränderung bewirken möchten, Rituale einsetzen, um alte Gewohnheiten sein lassen zu können.

Dinge, die wir automatisch machen, also Gewohnheiten, die wir entwickelt haben, laufen wie am Schnürchen. Wir tun sie beiläufig oder haben sogar das Gefühl: *„Mir fehlt etwas, wenn ich XY nicht mache!"* Das können sowohl gute Routinen (tägliches Joggen) oder auch schlechte Gewohnheiten sein wie das tägliche Gläschen Wein.

Dinge, die wir nur einmal getan haben, sind keine Routine. Das kennst du vom Abnehmen, vom Sport, von allen Lebensbereichen, in denen ohne Disziplin nichts in die Veränderung kommt. „Ich kann mich einfach nicht aufraffen", höre ich immer wieder von Klienten.

Wenn wir uns bestrafen oder versuchen, uns zu zwingen, wenn wir zu große Schritte machen oder womöglich Dinge tun, die im Grunde nicht richtig gut für uns sind, dann rebelliert unser System. Du musst wissen, was wirklich das Richtige für dich persönlich ist und was dir guttut. Dafür ist es wichtig, dich selbst richtig gut zu kennen und nicht nur den Meinungen der Masse hinterherzulaufen.

Erst wenn du weißt, was du willst, dann erst kannst du Routinen entwickeln, damit dein Unterbewusstsein dir zuarbeitet. Routinen und Gewohnheiten sind deshalb so kraftvoll, weil sie automatisch ablaufen.

Etwas, das automatisch ablaufen soll, müssen wir sehr häufig getan haben. Einige sagen, dass es 21 Tage für so eine Veränderung braucht. Andere sprechen von 66 Tagen – eine Mentorin von mir sagte immer eindringlich: *„Michelle, du musst etwas 400 x getan haben, bevor es ein Automatismus wird."*

Ich glaube ja, dass es noch einige Faktoren braucht, z. B. ein starkes Gefühl, um eine Veränderung zu bewirken. Denn die heiße Herdplatte merken wir uns auch schon nach einmal anfassen.

Doch hier geht es ja um sanfte Veränderungsprozesse. Meine Veränderungen laufen am besten, wenn ich mich nicht überfordere und die Schritte klein halte und in meinem Tempo voran gehe. Jeden Tag ein bisschen oder ein bisschen mehr von etwas Neuem zu tun, bis es richtig sitzt, ist die Strategie der kleinen Schritte.

TIPP

Am besten ist es, etwas Neues ständig zu tun, regelmäßig täglich oder besser noch 2 x täglich, damit es später wie von selbst läuft. An schlechten Tagen können wir uns häufig nicht aufraffen. Genau in diesen Zeiten werden uns diese Routinen unterstützen.

Warum der Atem so wichtig ist

Wer richtig atmet, ist gesund und entspannter – resilienter. Wenn du das Gefühl hast, häufig erschöpft zu sein, kaum auftanken kannst und eher so ein Schluck Wasser in der Kurve bist, wie man so schön sagt, dann könnte es auch am richtigen bzw. falschen Atmen liegen.

Es ist eigentlich logisch, dass alles, was deine Kräfte stärkt, auch deine Resilienz stärkt. Die beste, optimale Atmung verbindet deinen Körper mit deinem mentalen Zustand, sodass du resilienter bist und deine Stärken optimal nutzen kannst.

Natürlich ist das Atmen ein biologischer Vorgang, und selten sind wir uns der Atmung wirklich bewusst. Meist nur, wenn wir in den 5. Stock ohne Aufzug müssen und wir spätestens ab der dritten Treppe wie ein hechelnder Hund im Sommer klingen.

Die Atmung ist ein Reflex, auf den du z. B. nachts auch nicht achten musst. Es läuft von allein und das ist auch genau der Grund, warum wir so wenig darauf achten.

Wichtig ist beim Atmen der Gasaustausch, bei dem die Organe mit Sauerstoff versorgt werden und Kohlendioxid ausgestoßen wird. Der pH-Wert im Blut wird ausgeglichen und Sympathikus und Parasympathikus werden zum optimalen Zusammenspiel angeregt. Wenn du gestresst bist, brauchst du mehr Sauerstoff, bzw. deine Organe brauchen mehr Sauerstoff. Die Rezeptoren im Körper nehmen dies wahr und das Atemzentrum im Gehirn leitet die Reflexe ein. Mit der Atmung kannst du Entspannung gezielt herbeiführen, denn vieles, was uns stresst, ist keine echte Gefahr mehr, so wie vor tausenden von Jahren.

So können wir aktiv Energiereserven für unseren Körper schaffen, die uns widerstandsfähiger machen, sodass mehr Kraft und Lebensfreude entstehen. Körper und Geist sind nicht getrennt – sie arbeiten in jede Richtung zusammen.

Die falsche Atmung ist die, bei der zu flach geatmet wird. Dies geschieht meist durch Stress, und da wir meist gestresst sind, gewöhnen wir uns diese Atmung an und merken es nicht mehr.

Hier wird die Lunge nicht richtig genutzt, die Atemluft gelangt nur in den oberen Teil der Lunge. So haben wir keine Reserven für die Organe, um ständig frische Energie tanken zu können.

Weiterhin atmen wir meist nicht intensiv genug. Was heißt das: Wir atmen nicht vollständig wieder aus. Abfallprodukte verbleiben in der Lunge und gelangen wieder ins Blut. Wir müllen uns selbst zu und werden müde. Hast du schon einmal ein Baby schreien hören? Babys haben noch die optimale Atmung, wenn sie gesund sind. Sie schreien, ohne Luft holen zu müssen – sie nutzen ihre Atmung so, wie es sein sollte.

TIPP

Werde dir bewusst, wie du atmest, achte aktiv darauf.

- *Bewegt sich dein Bauch?*
- *Wie ändert sich die Atmung beim Treppensteigen?*
- *Ziehst du den Bauch ein?*
- *Wie tief atmest du ein?*

Atemübung:

→ *Setze dich gerade hin/aufrechter Rücken*
→ *Hände auf den Bauch legen*
→ *3-mal normal atmen*
→ *Tief durch die Nase einatmen*
→ *Bauch dehnt sich aus, Hände gehen „hoch"*
→ *Schultern gesenkt lassen, Nacken entspannen*
→ *Innehalten*
→ *Auf F durch den Mund ausatmen*
→ *Kurze Atempause machen*

Die Übung darfst du mehrmals wiederholen, am besten mehrmals täglich.

Wie du Manipulationen erkennst

Wie kannst du Körper, Geist und Seele stärken, und was hat das mit Manipulation zu tun?

Äußere Einflüsse sind häufig so subtil, dass wir kaum mitbekommen, wie wir manipuliert werden. Es in allen möglichen Bereichen unseres Lebens äußere Einflüsse, die nicht unbedingt ersichtlich sind. Der größte Einflussfaktor ist wohl die Werbung. Hier geht es einfach um uns als Kunden, es geht um Geld. Aber auch beruflich oder in anderen Bereichen des Lebens kann es geschehen, dass wir Neider haben, dass Menschen missgünstig sind oder aus anderen Gründen versuchen, uns zu manipulieren. Denn wie gut unsere Gedanken auch sein mögen, es gibt durchaus Menschen, die narzisstisch oder toxisch veranlagt sind und uns nicht immer wohlgesonnen sind.

Wir erleben das überall – im Beruf, im häuslichen Bereich, bei Freunden, auf Dating-Portalen. Wir sollten hier immer auf unsere innere Stimme hören. Auf das Gefühl zu hören, finde ich manchmal ein wenig kniffelig. Unsere Gefühle spielen uns manchmal einen Streich – fühlt sich etwas z. B. sehr vertraut an, dann kann das auch ein altes Muster aus der Vergangenheit sein, dass du einfach total gut kennst. Das bedeutet noch lange nicht, dass es dir auch guttun wird.

Unsere innere Stimme – wie auch immer sie sich bei dir gestaltet – ist da schon anders gestrickt. Du spürst, ob jemand dir wohl gesonnen ist oder nicht. Du spürst, auf welche Art und Weise dir Komplimente gemacht werden oder du in ein Gespräch eingeladen wirst.

Achte in Gesprächen auf Folgendes:

- Versucht der andere, dich auszuquetschen, Informationen aus dir heraus zu pressen, oder ist er ehrlich interessiert?
- Ist der andere an dir als Mensch interessiert, oder schmiert er dir Honig um den Bart, weil er etwas von dir will?
- Wirst du mit dem Charme des anderen geradezu erschlagen?
- Kannst du spüren, dass die Kommunikation einseitig ist, oder ist sie auf Augenhöhe?
- Klingen die Storys des Gegenübers realistisch?
- Sind Vorwürfe gerechtfertigt oder versucht hier jemand, dich in die Ecke zu drängen?
- Wird Kritik mit Emotionen vermischt und versucht der andere, dich kleinzumachen oder dich emotional zu erpressen?
- Scheint dein Gegenüber sich extrem zu engagieren und opfert sich auf, um deine Sympathie zu erlangen?
- Werden dir Geheimnisse anvertraut, die man einem Fremden eigentlich so nicht anvertrauen würde, damit du auch etwas preisgibst?

TIPP

Dem kannst du „entrinnen", indem du beginnst, Gegenfragen zu stellen, nicht sofort antwortest oder um Bedenkzeit bittest.

Aus der Entfernung können wir häufig besser klarsehen. Übe auch häufiger einmal Nein zu sagen – so entgehst du dem „Überfahren werden" in solchen Situationen.

Entscheide dich nie sofort, wenn du dich unter Druck gesetzt fühlst, überlege dir gute Argumente oder Sätze, die du generell nutzen kannst, um solchen Spielchen zu entgehen.

Wenn du Angst vor Konsequenzen hast, bist du nicht mehr frei in deiner Entscheidung. Überlege dir genau, ob die Angst realistisch ist oder ob es eine Auswirkung der Manipulation ist. Gehe hier wirklich mit deinem gesunden Menschenverstand vor, du bist ein freier Mensch und lässt dich nicht in Bockshorn jagen.

Kinder und Resilienz

Hast du Kinder? Wenn du deinen Kindern ein möglichst großes Maß an Resilienz mitgeben möchtest, dann ist es wichtig, dass du deinen Kindern möglichst viel positive Aufmerksamkeit entgegenbringst. Sei achtsam im Umgang, sie brauchen eine gute Balance aus Freiheit und Grenzen. Natürlich ist jedes Kind anders, doch bestimmte Bedürfnisse sind bei jedem Kind gleich.

Wichtig ist auch der Aspekt der Bindung. Eine feste Bezugsperson, mit der das Kind das notwendige Urvertrauen lernen kann, sollte vorhanden sein. Kinder brauchen sehr viel Stabilität, die Sicherheit, dass ihre Bedürfnisse gestillt werden, dass jemand kommt, wenn sie weinen, dass jemand sie in den Arm nimmt und tröstet, wenn sie ängstlich oder unruhig sind.

Sicherheit durch Rituale und Routinen, Werte und Regeln, die beachtet werden innerhalb der Familie oder der Gemeinschaft, in der das Kind aufwächst, sind wichtig. Auch den Umgang mit Gefühlen zu lernen, Gefühle auszudrücken und Gefühle zu spüren, ist wichtig. Dies lernen Kinder bei ihren Bezugspersonen. Nähe, Intimität, Bindung, Verlässlichkeit, Schutz, gutes Essen, Vertrauen, Trost, all diese Dinge sind essenziell für eine gesunde, stabile Entwicklung.

Kinder brauchen Bezugspersonen, die ihnen einen stabilen, verlässlichen Rahmen bieten. Dies sind auf der einen Seite Werte, Grenzen, Rituale und Routinen, auf der anderen Seite aber auch die Chance der Selbstverwirklichung. Die Möglichkeit, neue Dinge auszuprobieren, auf Abenteuer zu gehen, zu experimentieren, ohne dass gestraft wird. Die Bezugspersonen oder Eltern brauchen hier natürlich eine ziemliche Gelassenheit, um das Kind sich austoben lassen zu können.

2 Positive Psychologie

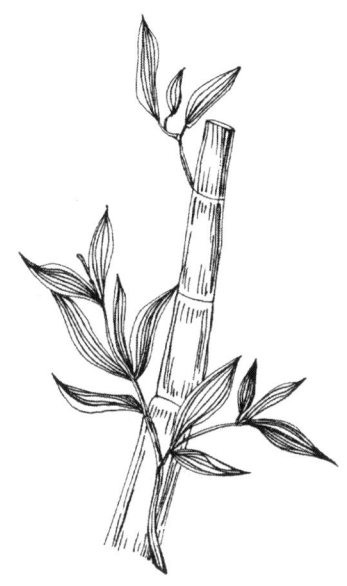

Die positive Psychologie ist nicht nur eine Hippie-Bewegung oder „irgendetwas Esoterisches". *Sonja Lyubomirsky,* Professorin an der Universität von Kalifornien in Riverside, USA, hat das Lebensglück untersucht. Ihre Forschungsergebnisse zeigen, dass 50 % unseres Lebensglückes uns von Geburt an begleiten. 10 %, so *Lyubomirsky,* hängen von unseren Lebensumständen ab.

Den Rest von 40 % können wir selbst beeinflussen. Immerhin. 40 % ist nicht gerade wenig – wir haben also laut ihren Studien einen recht großen Anteil an unserem Glück.

Nimmt man es genau, dann ist die *Positive Psychologie* uralt. Schon in der Antike wurde über das *„gute Leben"* und das *„Glück"* philosophiert. Für *Aristoteles* [6] waren das Glück und die Beschäftigung mit dem Glück beziehungsweise wie man das Glück erlangen kann und ein gutes Leben führen kann, essenziell. Auch bei ihm ging es schon um Stärken und die Möglichkeit, wie ich diese Stärken für mich und auch für andere sinnvoll und Glück bringend einsetzen kann.

Die Psychologie hat einen langen Weg hinter sich, bis sie zur empirischen, wissenschaftlichen Psychologie wurde. Die positive Psychologie entwickelte sich aus einer alten Denkweise heraus, die unangenehme Gefühle und Zustände lediglich ein wenig verbessern sollte.

---

[6] Nikomachische Ethik [NE]. In: Ders.: Werke in deutscher Übersetzung. Bd. 6 (Übers, u. erl. von F. Dirlmeier). Berlin 1999.

Grundprinzipien der PP

Einer der Begründer der Positiven Psychologie, *Martin Seligman*, bewunderte den Philosophen *Wittgenstein* und studierte zunächst also Philosophie, bis ihm klar wurde, dass *„Wittgenstein nicht etwa der Sokrates, sondern der Darth Vader der modernen Philosophie ist"*, wie er in seinem bekannten Werk „Flourish" schreibt. Als ihm klar wurde, dass dies nicht das war, was er suchte, begann er sich mit der Psychologie zu beschäftigen.

Er kehrte zwar 1972 an die philosophische Penn-Universität zurück und wurde dort als Privat-Dozent auf Lebenszeit ernannt, doch sein Streben und Forschen galt den Bereichen, um die es im Leben wirklich geht.

Er beschreibt in seinem Werk sehr ausdrucksvoll, wo genau er den Unterschied zwischen der herkömmlichen Therapie bzw. Medikamenten und echter Unterstützung sieht.

Medikamente bzw. die herkömmlichen Therapieformen sorgten seiner Meinung nach nicht dafür, dass nach z. B. dem Absetzen eines Medikamentes der Klient geheilt war. Ebenso sei es nach der Therapie – die Effekte seien lediglich für eine gewisse Zeit eine leichte Verbesserung, doch keinesfalls eine Heilung.

Seligman bemängelte dies und war sicher, dass man es schaffen könnte, den Menschen weitaus mehr und effektiver zu unterstützen, um sein Wohlbefinden dauerhaft anzuregen.

Auch sollte das Wohlbefinden im Anschluss an die Arbeit mit dem Therapeuten nicht versickern, sondern im Alltag sollten die Übungen selbst ausgeführt werden können, um weiterhin Glück und gute Gefühle im Leben spüren zu können.

Es ging ihm darum, nicht nur ein Funktionieren der Menschen sicherzustellen, sondern vor allem eine echte Veränderung zu bewirken. Er wünschte sich realistische Heilung durch Techniken, die der Klient zu Hause weiter zur Stärkung nutzen konnte, statt nur die Schwächen auszubügeln. Er spricht in diesem Zusammenhang oft von Kosmetik.

Er wollte Verbesserung für alle wichtigen Lebensbereiche – für die Liebe, das Leben und das Spiel. So schrieb er: *„Ich wünsche mir eine Revolution in der weltweiten Erziehung.*

Alle jungen Menschen sollten Fähigkeiten lernen, die sie für einen Arbeitsplatz brauchen, wie das seit 200 Jahren das Ziel des Erziehungssystems ist. Zusätzlich aber können wir heute die Fertigkeiten des Wohlbefindens lehren – wie man mehr positives Gefühl, mehr Sinn, bessere Beziehungen und mehr positiven Erfolg haben kann.“

Stärkenentfaltung mit dem PERMA-Modell

Diese Elemente werden heute in dem PERMA-Modell zusammengefasst. Es fasst die Komponenten zusammen, die uns als Menschen glücklicher machen. Denn *Seligman* fragte nicht danach, welche Fehler oder Schwächen ausgebügelt werden müssen, sondern er suchte nach Aspekten im Leben, die uns glücklicher machen.

Auf folgender Internetseite lässt sich ein Mini-Onlinekurs kostenlos mitmachen (ich bin nicht an dem Kurs beteiligt!): https://www.eudaimonic.at/perma-dashboard/

Auch für Führungskräfte gibt es Leitfäden für wirtschaftlichen Erfolg und Wettbewerbsvorteil, in denen gleichzeitig die Mitarbeiter bzw. deren Zufriedenheit im Fokus des Unternehmens steht. Denn nur glückliche und gesunde Mitarbeiter*innen gewährleisten, dass auch das Unternehmen gesund ist. Im wissenschaftlichen Kontext werden hier Führungskräften Werkzeuge an die Hand gegeben, die ihnen Konzepte an die Hand geben, die am Arbeitsplatz bodenständig und erfolgreich umgesetzt werden können.

Seligman nennt 5 Elemente in seinem Modell:

* Positive Emotion   positive Gefühle
* Engagement   Einsatz
* Positive Relation   gute Beziehungen
* Meaning   Bedeutung/Motivation
* Accomplishment   Ziele und Leistung

Positive Emotionen

Die positiven Gefühle gehen einher mit der Verantwortung, die ich für mich und mein Leben übernehme. Schöne Gefühle geschehen nicht einfach so, ich bin nicht einfach glücklich, weil gerade nichts Schlimmes in meinem Leben geschieht oder ich in keiner Krise bin. Das Glück und das Erleben guter Gefühle ist ein sehr aktiver Vorgang, eine Handlung, die ich vollziehe, um dauerhaft Wohlbefinden zu erreichen.

Es sind nicht die großen Dinge, oder nicht nur die großen Dinge, um die es geht, sondern auch kleine Erfolge dürfen hier verstärkt werden, um einen Übungseffekt und eine Routine zu erzielen. Vergegenwärtigen wir uns noch einmal, dass es um das Verstärken der Stärken geht.

Hilfreich ist auch hier ein Dankbarkeitstagebuch, mit dem ich zum einen mehr Achtsamkeit in meinen Alltag bringe, zum anderen die Dankbarkeit trainieren kann. Das **tägliche Aufschreiben der Erfolge**, positiver Erlebnisse und schöner Erinnerungen bringt das Schöne im Leben deutlicher hervor, es stärkt den Fokus auf das, was funktioniert.

Wenn wir uns etwas schönreden, dann spreche ich gern davon, dass wir rosa Sauce auf Scheiße gießen. Genau das meine ich hier nicht! Es geht um das echte Wertschätzen der Dinge, die gut laufen, die wir mögen, die schön waren. Das dürfen kleine Sachen, kleine Erlebnisse sein, wie in den vorigen Kapiteln schon erwähnt.

Hierdurch kommst du mehr in das Gefühl von: Ich kann etwas bewirken in meinem Leben, ich bin machtvoll, ich kann handeln, ich habe mein Leben in den eigenen Händen.

Schöne Gefühle, positive Gefühle, sorgen dafür, dass du neue Dinge besser aufnehmen und besser lernen kannst. Zudem ist es leichter für dich, dein Verhalten zu ändern und dir eine Basis zu schaffen, auf der du jederzeit Zugriff auf deine Fähigkeiten hast. Dies ist mit der *„Broaden-and-Build"-*

Theorie von Barbara Fredrickson, einer Psychologin an der Uni von North Carolina, USA belegt.

Fredrickson ist überzeugt, dass wir in unseren Leben mehr positive Dinge erleben als negative. Wir müssen lernen, den Fokus hierauf zu legen und diese Momente zu erweitern, zu strecken (broaden). Körperliche und emotionale Gesundheit sind hier die positiven, gewünschten Ergebnisse.

ENGAGEMENT, DEIN FLOW

Ein weiterer Vertreter der Gesellschaft für PP ist *Prof. Dr. Mihály Csíkszentmihályi*. Oh ja, ich weiß: Der Name ist eine Herausforderung, haha, man spricht es „*Tschicktschentmihali*". Er ist einer der Gründungsväter, ebenso wie *Seligman* und *Peterson*. Bei ihm dreht sich alles um den Flow.

Du kennst bestimmt diesen Zustand, wenn du etwas tust und dabei alles um dich herum vergisst. Du bist in einem Zustand, der ewig so weitergehen könnte, du vergisst Zeit und Raum, du bist ganz bei der Sache, als wärest du gar nicht mehr richtig vorhanden wie in Trance. Das, was uns so glücklich macht, ist meist etwas, mit dem wir uns sehr gut verbinden können.

Den Unterschied zu anderen Tätigkeiten, in denen wir uns eben nicht im Flow befinden, sehe ich vor allem darin, dass wir keinen Widerwillen empfinden. Selten bis nie gehe ich zum Beispiel freudvoll in den Tätigkeiten rund um meine Steuererklärung auf. Den meisten Menschen geht es so, vermute ich jedenfalls. Das ganze Ding zieht sich wie ein Kaugummi, weil ich es einfach nicht schaffe, mich lange auf etwas zu konzentrieren, das ich schrecklich finde. Es gefällt mir einfach nicht. Nach 10 Minuten schaue ich schon auf die Uhr und stöhne.
Wenn ich ein Bild male, wiederum oder etwas schreibe, kann ich die Zeit vergessen und 5 Stunden fühlen sich wie 5 Minuten an.

Das kann die Arbeit ebenso wie ein schönes Hobby, ein Musikinstrument, Malen oder auch Sport sein. Es hat mit unseren Stärken und Begabungen zu tun. Etwas, dass uns leicht von der Hand geht, auch wenn wir üben müssen. Etwas, dass uns liegt, wie man so schön sagt. Das stärkt uns. Dieser Zustand ist gut für unser Selbstbewusstsein und unser Erleben von Erfolg.

BEZIEHUNGEN UND NETZWERK

Unser soziales Netzwerk und unsere Bindungen sind essenziell. Ich spreche weniger von Facebook und Twitter, sondern von unseren Familien und Freunden, die uns Stabilität und Geborgenheit schenken. Freundschaften und Bindungen sind besonders in Krisen wichtig, stärken aber auch im Alltag unsere emotionale, psychische und physische Gesundheit. Sie sind eines unserer Grundbedürfnisse und von Geburt an in uns vorhanden.

Freundschaften bringen uns Intimität, Nähe, Anerkennung, wir können uns mitteilen und erfahren ein Wohlgefühl, das Depressionen und Isolationsgefühlen entgegenwirkt.

Dazu möchte ich aber noch anmerken: Freundschaften sind keine Einbahnstraße. Je mehr Aufmerksamkeit ich in Beziehungen bereit bin zu geben, desto mehr bekomme ich zurück. Direkt, denn mein Gegenüber wird mir automatisch auch mehr Aufmerksamkeit schenken. Doch auch die Achtsamkeit einem anderen Menschen gegenüber macht mich selbst glücklicher.

Einem anderen Menschen gegenüber achtsam zu sein und eine intensive, aktive Kommunikation zu pflegen, insbesondere wenn es um die Erfolge meines Gegenübers geht, ist enorm wichtig für das Wohlbefinden beider Partner.

Ich spreche nicht nur von Liebesbeziehungen, sondern auch von Freundschaften, Kindern, Eltern, Geschwistern. Zu schenken gibt es viel — das können Dinge sein, Blumen, etwas Selbsthergestelltes, kleine Präsente und Aufmerksamkeiten ebenso wie Komplimente. Wann hast du einem guten Freund, deinen Eltern oder deinen Kindern zuletzt ein schönes, ehrliches Kompliment gemacht?

Andersherum ist es sinnvoll, einmal generell über Freundschaften nachzudenken. Sind alle meine Freundschaften gesund? Sind sie in Balance, gebe ich und kann ich auch nehmen, empfangen bzw. ist mein Gegenüber auch bereit zu geben?

Wie oft stecken wir in Freundschaften fest, die nur noch aus Gewohnheit oder Höflichkeit aufrechterhalten werden, aber vielleicht schon lange nicht mehr gesund sind?

Vielleicht sollte ich auf solche Freundschaften verzichten, die mir nicht guttun?

Vielleicht konzentriere ich mich lieber auf gesunde, nährende, Beziehungen? Selbstverständlich gibt es viele Gründe, an solchen Menschen oder Partnerschaften festzuhalten. Loslassen ist generell etwas, das nicht so einfach ist.

DER LEBENSSINN

Unsere Ziele und der Sinn unseres Lebens machen das Leben lebenswert. Viktor Frankl[7], Wiener Psychologe, sah in der Frage nach der Sinnhaftigkeit den Beweis für das Menschsein. Für ihn war es wichtig, sich die Frage zu stellen, was das Leben von uns Menschen erwartet und weniger, was wir Menschen vom Leben erwarten dürfen. Denn hier liegt mehr Unglück als im Leiden, weil durch das Leiden auch eine Entwicklung, sinnhafte Entwicklung, möglich ist. Nicht nur unterscheiden sich die Ziele unterschiedlichster Menschen. Es kommt auch auf unsere Lebensphasen an, welche Ziele ich verfolge. Als junger Student werde ich andere Ziele verfolgen als ein späterer Familienvater. Sind meine Kinder kurz davor, das Haus zu verlassen, dann werde ich als Mutter wieder neue Ziele verfolgen müssen, um glücklich zu sein, die sich nicht mit dem Haushalt befassen, falls ich denn Hausfrau gewesen bin. Dies sind natürlich Klischees und dienen nur der Verdeutlichung.

Es geht bei der Frage nach dem Sinn darum, Ziele zu verfolgen, um sich selbst wie einen Rohdiamanten zu schleifen. Frankl überlebte 4 unterschiedliche Konzentrationslager des Deutschen Reiches, seine Familie hingegen verlor er gänzlich. Daraus erschloss sich sein eigener Lebenssinn: andere Menschen in Krisen zu unterstützen. Selbstverständlich ist das jetzt eine total kurz gegriffene Zusammenfassung. Wenn dich die berührende Geschichte von Frankl interessiert, empfehle ich dir weiterführende Literatur.

So viele von uns finden keinen rechten Sinn in dem, was sie tun – dies ist ein schwerwiegender Mangel, der uns sehr zu schaffen machen kann und eine schreckliche Leere schaffen kann. Sind deine Tage sinnentleert? Sorge für mehr Dinge, die dir wichtig sind.

---

[7] Viktor Frankl: Der Mensch vor der Frage nach dem Sinn. Piper München, 292 Seiten, 14,90 Euro.

ERFOLG UND LEISTUNG

Leistung zu vollbringen kann sehr positive Gefühle in uns auslösen. Doch relativ selten ist es ein Erfolg allein, der uns glücklich machen. Erst das Zusammenwirken der verschiedenen Aspekte unseres PERMA-Modells bringt uns echte Zufriedenheit. Alle Komponenten gemeinsam sind der Kleber, der unser Glück zusammenhält.

Stell' dir einmal vor, du müsstest, um zum Beispiel erfolgreich im Beruf sein zu können, permanent deine Partnerin/deinen Partner belügen. Deinen Beruf würdest du ansonsten nicht ausüben können. Deine Beziehungen im Bereich Partnerschaft wären dauerhaft gestört und dein Glück regelmäßig getrübt.

Ebenso schwierig ist es, wenn Partnerschaften kein Gefühl von Sinnhaftigkeit oder Innigkeit mehr vermitteln. Oder wenn im Bereich deines Berufes, der Arbeit das, was du ausübst, sinnentleert ist bzw. dir sinnlos vorkommt. Bei einer Überforderung oder Unterforderung im beruflichen Bereich kann dies schnell geschehen und es entsteht ein Gefühl der Leere.

Du kannst diesen Bereich des Erfolgs wie schon erwähnt mit einem Erfolgstagebuch stärken. Denn es kommt nicht auf das Erreichen großer Ziele an, sondern auf das Betonen deiner Fähigkeiten und Stärken, um dein Selbstbewusstsein zu verbessern.

Je mehr du an dich selbst glauben kannst, weil du dir deine Erfolge jeden Tag selbst beweist, indem du sie aufschreibst, je zufriedener und ausgeglichener wirst du sein.

KENNST DU DEINE STÄRKEN?

Ist dir schon einmal aufgefallen, dass wir meistens in Defiziten denken? Was meine ich damit: Wir denken über das nach, was nicht funktioniert. Wir denken über das nach, das wir nicht haben. Wir diskutieren über die Krankheiten, die wir haben. Wir jammern über den Job, den wir noch nicht haben. Wir sprechen über all das, was wir wieder nicht geschafft oder erreicht haben.

In der Psychologie war es ähnlich. Der Mensch wurde anhand seiner Schwächen oder Defizite oder seiner psychischen Krankheiten beschrieben. Der Name für diese große Schublade, in die man mit psychischen Krankheiten gesteckt wird: ICD 10. Das ist die Internationale statistische Klassifikation der Krankheiten und verwandter Gesundheitsprobleme mit der 10. Revision, es ist amtlich eine Klassifikation für Diagnosen. Na ja gut, irgendwie muss man ja auf einen Nenner kommen, sich mitteilen können oder austauschen, wenn es darum geht, Menschen zu heilen oder zu helfen.

Doch hast du dich schon einmal gefragt, warum du eher über die negativen Dinge in deinem Leben sprichst? Falls du selbst es nicht tust, warum die meisten Menschen es machen, sich über das Negative ergießen und das Positive kaum erwähnt wird?

Ich möchte dich an dieser Stelle fragen: Wie gut kennst du dich eigentlich? Weißt du denn genau, was dir guttut? Kennst du die Bereiche, in denen ein anderer dir nichts vormachen kann, worin du ein Ass bist? Weißt du, was dich glücklich macht? Weißt du, was dich erfreut, wenn du es tust, weil du darin erfolgreich bist?

Bist du in deinem Beruf eigentlich an der richtigen Stelle und in der richtigen Position? Passt das alles noch zu dir, oder hast du dich vielleicht verändert? Ist es dir vielleicht wichtig, auch einmal etwas Neues auszuprobieren oder dich in eine andere Richtung zu entwickeln? Diese Fragen lassen sich auf alle Lebensbereiche übertragen!

In unserer Gesellschaft wird in der Regel probiert, die Schwächen auszubügeln, zu optimieren, zu verbessern, was das Zeug hält. Doch ist das der richtige Weg, um stärker und resilienter zu werden, um besser Probleme lösen zu können und letztlich glücklicher zu werden? Werde ich glücklicher, wenn ich immer an mir herumdoktere und in den Schwächen herumwurschtele?

Die positive Psychologie sagt: Mache dir lieber erst mal deine Stärken bewusst, denn hier liegen die Nuggets für dich! Hier ist das, was dir Kraft gibt, wo deine Leistungen und Erfolge zu erwarten sind. Hier ist das zu finden, was uns Stolz macht, uns Selbstbewusstsein gibt und uns Lösungsmöglichkeiten für Probleme aus der Vergangenheit in die Gegenwart importieren lässt.

Erzähle mehr über die Dinge, die dir gelingen, die dir Freude bereiten und lobe auch andere mehr, statt sie auf Fehler hinzuweisen. Das ist der Top-Tipp der positiven Psychologie.

Unsere Stärken machen in Summe unsere Persönlichkeit oder auch unseren „guten" Charakter aus. Dafür müssen wir etwas tun .... für den wir immer in Handlung kommen müssen. Die Hände in den Schoß zu legen macht keinen aktiven Menschen aus. Wir unterliegen Entwicklungen und vor allem wenn wir unsere Stärken nutzen und sie schleifen wie einen Diamanten, befinden wir uns in einer permanenten Entwicklung, die auch unseren Charakter verändert. Wir reifen wie ein Schweizer Käse – oder ein Gouda oder ein guter Wein.

Es gibt eine interessante Liste von 24 Charakterstärken des sogenannten VIA-Modells[8]. Wenn dich das im Detail interessiert, findest du in der Fußnote eine Seite, wo du dir ein PDF herunterladen kannst (nicht von mir,

---

[8]   https://www.ebner-team.com/wp-content/uploads/2018/10/VIA-Stärken-Beschreibung-Buchauszug.pdf

sondern vom Ebner-Team).

Die Klassifizierung nennt **24 Charakterstärken und 6 Tugenden.** Fragst du dich auch: Was sind denn eigentlich genau Stärken, was bedeutet das? Stärken sind, wie ich finde, wie Töne. Jede Stärke hat einen bestimmten Ton, du hast viele Stärken, sodass alle zusammen ein wunderschönes Musikstück ergeben.

Stell dir vor, jeder Mensch hätte so seine eigene Musik wie einen eigenen Fingerabdruck, wie wunderschön wir alle klingen! Wenn du weißt, welches Musikstück du spielst, dann weißt du, wo im Leben du besonders gut hinpasst. Jemand, der ein Stück von Bach spielt, passt wahrscheinlich an eine andere Stelle als eine Person, die ein Stück aus den 80ern spielt. Du kannst deine Stärken aktiv benutzen, um dich zu positionieren, um voranzukommen und um glücklich zu werden.

Wie und wo du die Stärken einsetzt? Immer, wenn du etwas erreichen möchtest: Eine Bewerbung schreiben oder ein Vorstellungsgespräch gut absolvieren, in der Persönlichkeitsentwicklung, bei der Kommunikation in der Partnerschaft, Gespräche in Freundschaften, überall, wo du dich selbst vermarkten möchtest oder dich verkaufen willst.

Denn das tun wir alle von Zeit zu Zeit – wir verkaufen uns, vor allem wenn es um berufliche Dinge geht, möchten wir im besten Licht dastehen und betreiben ein wenig Marketing für uns selbst. Das ist in meinen Augen nichts Verwerfliches, sondern zeigt ein gesundes Selbstbewusstsein.

Der Vollständigkeit halber zähle ich die Stärken und Tugenden auf, die du auf der genannten Website als Download mit ausführlichen Erklärungen herunterladen kannst. Doch zunächst noch eine Liste mit wichtigen Kriterien.

Die Kriterien für Charakterstärken

- sie werden in fast allen Kulturen anerkannt

- sie tragen zu einem erfüllenden Leben im Sinne der PP bei

- sie werden moralisch als wertvoll in fast allen Kulturen betrachtet

- sie verunglimpfen andere Menschen nicht

- eine Stärke hat eine offensichtliche, negative Entsprechung (Liebe/Hass)

- weist einen festen Ausdruck in der Persönlichkeit auf

- ist messbar

- unterscheidet sich von den anderen Stärken

- ist im einzelnen Menschen erkennbar

- wird in Einrichtungen des öffentlichen Lebens unterstützt oder sogar unterrichtet

Tugenden & Stärken laut VIA[9]

Weisheit und Wissen

       Kreativität, Originalität, Einfallsreichtum

       Neugier und Interesse

       Liebe zum Lernen

       Offenheit und Aufgeschlossenheit

       Weisheit

Mut

       Authentizität

       Tapferkeit

       Lebenskraft und Vitalität

       Ausdauer und Beharrlichkeit

Menschlichkeit

       Freundlichkeit, Großzügigkeit

       Bindungsfähigkeit

       Soziale Intelligenz, Empathie

Gerechtigkeit

       Fairness und Führungsvermögen

       Teamfähigkeit und Loyalität

Mäßigung

       Vergebungsbereitschaft

       Bescheidenheit

       Umsicht

       Selbstregulation

Transzendenz

       Sinn für das Schöne und Gute

       Dankbarkeit

       Hoffnung, Zuversicht, Optimismus

       Humor und Verspieltheit, Spiritualität

---

[9] Values in Action (Werte in Aktion)

Selbstverständlich gibt es noch viele, weitere Stärken, die unsere Persönlichkeit ausmachen. Doch dies ist eben die Auflistung nach der positiven Psychologie. Auch kann man die Stärken nicht immer ganz klar voneinander abgrenzen.

Ich hatte die Stärken ja mit der Musik bzw. mit Tönen verglichen. Wenn du Musik hörst, wirst du auch nicht unbedingt in der Lage sein, jeden Ton einzeln herauszuhören. Ein Musiker könnte das wohl – doch als Laie werden wir feststellen, dass für uns die Töne miteinander verschwimmen und so ein Musikstück entsteht.

Die Listen dienen im Grunde eher dazu, mit den Stärken arbeiten zu können. Stell dir vor, du bist ein empathischer Mensch, dies ist eine deiner größten Stärken. Um dich hier weiterentwickeln zu können und nach passenden Arbeitsplätzen zu suchen oder nach Ausbildungen, ist es wichtig, diese Stärke zunächst einmal zu isolieren, um sie ausgiebig betrachten zu können.

Dann kann man starten: Was könnte man üben, welche Impulse sind hilfreich, um die Stärke bewusster zu machen. Das Spüren von Gefühlen, Erlernen, wie ich andere Menschen unterstützen kann, Gefühle zu transformieren, Berufe, in denen ich mit Menschen arbeite wie z. B. die Pädagogik oder die Erziehung und so weiter.

BIG FIVE Ocean-Modell

Auch dies ist ein spannendes Modell, um die Persönlichkeitsmerkmale an sich selbst oder auch anderen zu erkennen. Eine weitere Möglichkeit, sich besser kennenzulernen. Es stammt von dem Amerikaner Lewis Goldberg. Eine Studie zum Thema Stärken wurde mit über 10.000 Teilnehmern aus 50 Ländern durchgeführt. Die einzelnen Buchstaben in dem Wort *Ocean* stehen für die englischen Wörter *Openess, Conscientiousness, Extraversion, Agreeableness* und *Neuroticism*. In der deutschen Übersetzung haben wir dann Offenheit, Gewissenhaftigkeit, Extraversion, Verträglichkeit und Neurotizismus.

Zu jeder dieser Stärken gibt es wiederum weitere Eigenschaften, die eine Persönlichkeit näher beschreiben. Möchtest du wissen, welche deine 5 wichtigsten Eigenschaften sind nach diesem Modell, dann empfehle ich dir einen der kostenlosen Tests im Netz, meistens mit ca. 120 Fragen, die dir in Sekundenschnelle dein Ergebnis bringen.

Zum Beispiel bei https://www.123test.com/de/Persönlichkeitstest/ gibt es einen kostenlosen Test, mit dem du schnell herausfinden kannst, was deine Stärken hier sind.

Abb. 1: Die fünf Hauptdimensionen der Persönlichkeit

N	Negative Emotionalität	versus	Belastbarkeit
E	Extraversion	versus	Introversion
O	Offenheit für Erfahrung, Kreativität, (geistige) Beweglichkeit, Neugier	versus	Konservatismus, Beharrlichkeit, Tradition, Unbeweglichkeit
A	Anpassung, Kooperation Konformität, Verträglichkeit	versus	(kompetitive) Konkurrenz, Reaktivität, Antagonismus
C	Conscientiousness, Gewissenhaftigkeit	versus	Nachlässigkeit, Lockerheit

Quelle: https://www.i-p-p-m.de/Das_Big-Five_Modell.pdf

Wenn man Persönlichkeitsmodelle betrachtet, hat man oft das Gefühl, man wird in Schubladen gepackt und reduziert – wir sind doch so viel mehr als fünf Charakterzüge. Doch wenn du dir klar machst, wozu es dient – nämlich sich besser einzuschätzen, zu **mehr Verständnis** untereinander und die Erkenntnis, wie ein Mensch wann wahrscheinlich reagiert –, dann kann man den Nutzen der Tests oder Modelle schon erkennen.

Es geht auch nicht um ein Entweder-oder bei dem Big Five, nicht um Schwarz oder Weiß, sondern eher um die Abstufungen. Die meisten von uns sind ohnehin wenig extrem, sondern befinden sich mit den Ausprägungen der Stärken in einem guten Mittelmaß.

Ich möchte dir im Folgenden gern die Merkmale der Big Five ein wenig näher erklären.

OFFENHEIT FÜR ERFAHRUNGEN

Wenn du viele Punkte bei der Offenheit hast, dann bist du wahrscheinlich ein Mensch, der neugierig ist und eher nach Abwechslung sucht. Stagnation wird dich langweilen. Du bist empathisch, kannst dich gut in andere hineinversetzen oder spürst sogar mehr von ihnen als andere Menschen. Mit hoher Wahrscheinlichkeit liebst du Musik, Kunst, Literatur und hast viel Kreativität. Vielleicht bist du sogar so etwas wie ein Erfindergeist, Freunde sagen vielleicht über dich, dass du ein Abenteurer bist. Um die Ecke denken, neue Wege gehen, Lust am Experimentieren, du bist kaum jemand, der jedes Jahr am gleichen Urlaub machen möchte.

Wenig Offenheit lässt dich eher die Wiederholungen oder Routinen lieben. Du brauchst dann mehr Sicherheit, alles Gewohnte und Regelmäßige tut dir gut und gibt dir Halt im Leben.

GEWISSENHAFTIGKEIT

Bist du ein ordentlicher Mensch, der gern sehr genau ist und genau arbeitet? Man könnte Menschen mit einer hohen Ausprägung im Bereich Gewissenhaftigkeit auch als diszipliniert, sorgfältig, gesammelt, engagiert, selbstbeherrscht beschreiben. Du wirst es einfacher haben, deine Ziele schnell zu erreichen, da du ganz strukturiert deinen Weg gehst und deinen Plan verfolgst. Du schaffst es, konzentriert zu bleiben, wenn andere sich ablenken lassen. Das macht dich recht erfolgreich, wenn es um den Beruf geht.

Andere Menschen mit einer weniger starken Prägnanz in diesem Bereich sind weniger streng und sehen die Dinge eher locker. Sie lassen eher schon mal Fünfe gerade sein. Auch die Konzentration fällt dann nicht so leicht.

EXTRAVERSION

Hier geht es um die Interaktion mit anderen Personen. Extravertiert ist, wer gern mit anderen Menschen in Kontakt geht, Gespräche sucht und braucht, sich einbringt, Witze macht, eloquent ist. Die Silbe *Ex-* zeigt die nach außen gerichtete Haltung dieser Menschen. Das Gegenteil sind Menschen, die eher introvertiert, also nach innen gerichtet sind. Wenn du hier wenig Punkte hast, bist du wahrscheinlich eher ein Mensch, der etwas zurückgezogener ist, sich in großen Menschenmengen oder auf Partys nicht unbedingt wohlfühlt oder sich zumindest nicht in den Vordergrund drängelt. Du brauchst weniger Trubel und hast eher das Bedürfnis, allein zu sein und auch einmal Zeit für dich zu haben. Du magst Menschen eher in kleineren Kreisen begegnen und vielleicht auch nicht so oft.

VERTRÄGLICHKEIT

Anderen zu helfen, zu unterstützen, Teamwork, anderen gegenüber eine optimistische Haltung einnehmen, dies alles beschreibt Menschen mit einer hohen Punktzahl in der Verträglichkeit. Dies ist ein sehr gern gesehenes Verhalten, kann aber auf Dauer zu inneren Konflikten, Stress oder Krankheit bei dem Menschen mit dieser Ausprägung führen. Warum?

Konflikten wird hier eher aus dem Weg gegangen, da diese Menschen sehr die Harmonie lieben und Auseinandersetzungen scheuen. Sie sind sehr umgängliche Menschen. Das kann dazu führen, dass eigene Wünsche immer hintenangestellt werden und Gefühle unterdrückt werden.

Andersherum, mit einer geringen Punktzahl, ist man hier eher ein Streithahn, zettelt Zwistigkeiten an und vertraut nicht so schnell. Man ist eher misstrauisch eingestellt.

NEUROTIZISMUS

Dieses eher ungewöhnliche Wort – zumindest in meinem Wortschatz ist es nicht eines, dass ich täglich nutzen würde – beschreibt eine Art Unbeständigkeit.

Hast du hier viele Punkte, dann wärest du ein Mensch, der eher sehr sensibel, vielleicht hochsensibel ist und nicht so stabil ist, was die eigenen Emotionen angeht. Neurotizismus ist weitestgehend mit "Emotionaler Labilität" zu übersetzen. Du fühlst dich dann von Stress oder Konflikten schnell überfrachtet und überfordert, lässt dich von anderen schnell stressen, hast Schwierigkeiten in deiner Mitte zu bleiben und gerätst schneller als andere in Zweifel. Hier läuft man eher Gefahr, in eine Depression oder Angststörung abzurutschen.

Mit einer geringen Punktzahl in diesem Bereich ist man dann logischerweise stabiler, resistenter, zeigt weniger körperliche Symptome bei Stress.

EINFLÜSSE AUF DIE PERSÖNLICHKEIT

Seit vielen Jahren versucht die Wissenschaft herauszufinden, inwieweit diese Merkmale von Menschen beeinflusst werden. Wer oder was ist dafür verantwortlich, dass ich so bin, wie ich bin?

Umwelt, Gene, Erziehung, das sind grob die Einflüsse von außen. Die Gene spielen zu ungefähr 50 % eine Rolle bei unserer Persönlichkeit. Dies hat man in zahlreichen Zwillingsstudien herausfinden können.

Auch unser Alter spielt eine Rolle für unsere Persönlichkeitsmerkmale. Das leuchtet ein, denn wir verändern uns ja permanent. Der Charakter bildet sich erst um das 30. Lebensjahr so richtig heraus, da werden dann die Veränderungen weniger. Sie stagnieren nicht, doch werden wir nicht mehr so extrem nach unserer Richtung im Leben suchen.

Es gibt jedoch zahlreiche Lebensumstände, die das Leben verändern können: Eheschließungen, Unfälle, Kinder, Rente, Arbeitslosigkeit und so weiter. Immer, wenn wir eine Krise, ob groß oder klein, durchlaufen, bahnen sich Veränderungen an, denn das alte Verhalten funktioniert häufig nicht mehr oder wir spüren, dass wir nicht so gelebt haben, wie wir hätten können.

Wie kann ich jetzt meine Stärken fördern? Dieser Abschnitt dreht sich darum, wie du **am besten mit deinen Stärken spielen** kannst.

Wie bringst du sie am schlausten zum Einsatz, wie kannst du so mit ihnen spielen, dass sie richtig gut zur Geltung kommen und du sie bewusst nutzen kannst? Dazu gebe ich dir hier einige Übungen an die Hand, die du ganz leicht umsetzen kannst.

BEWUSSTERES LEBEN – SELBSTBEWUSSTSEIN

Der ganz allgemeine Tipp ist, alles bewusster zu tun, auch sich bewusster Pausen zu gönnen. Denn alle hier genannten Techniken zielen im ersten Schritt auf dein Bewusstsein ab. Dein Selbst-Bewusstsein – das heißt, das Bewusstsein über dich. Wer bist du, was kannst du, was möchtest du, was fühlst du?

Es ist ein wenig wie eine Innenreise, ein Zurückkommen von der Außenwelt nach Hause, zurück zu dir selbst. Denn nur in dir findest du die Antworten. Und nicht im Lärm, sondern in der Stille sind die Antworten, deine Antworten, zu finden.

Vielleicht ist es für dich hilfreich, mal an einigen Tagen im Monat ein digitales Detox zu machen. Relaxe, ohne TV zu sehen oder ans Smartphone oder den Rechner zu gehen. Schotte dich für eine gewisse Zeit von den Einflüssen der Außenwelt mit ihren hypnotischen Wirkungen ab.

Esse bewusster, gehe mehr zum Sport, mache Meditationen oder Thai Chi, schlafe regelmäßig und tief und sorge dafür, dass du hier nicht gestört wirst.

DARÜBER SPRECHEN

Wahrscheinlich wiederhole ich mich jetzt mit dieser Übung. Über die guten Dinge, die Dinge, die funktionieren und die du gut beherrscht, zu sprechen, ist der erste Schritt, um dich auf das Positive zu fokussieren. Vielleicht traust du dich ja, spielerisch vor dem Spiegel einen kleinen Vortrag zu halten oder in Realität einem Freund davon zu berichten.

Du solltest öfter über die Dinge sprechen, die dir gut gelingen. Erzähle Freunden davon. Berichte, was du gut kannst, wann diese Stärke von dir zum Einsatz kommt oder zum letzten Mal zum Einsatz gekommen ist. Vielleicht hast du das Gefühl, dass du dich zu sehr in den Vordergrund stellst. Doch es ist eine reine Übungssache, über dich und dein Können zu sprechen.

TIPP

Schreibe dir regelmäßig auf, was sich verändert und verbessert, beobachte dich selbst und deine Ergebnisse. Frage dich, wo deine Stärken noch besser zum Einsatz kommen können, wo du mehr von dem tun kannst, was dir gut gelingt und dich natürlich ausmacht. Lies häufiger in dem Niedergeschriebenen, um so oft wie möglich in dieses gute, erfolgreiche Gefühl zu kommen.

BEWUSST EIN PROBLEM ANGEHEN

Wir alle haben dann und wann Probleme, denen wir uns stellen müssen. Verdrängen und den Kopf in den Sand stecken ist keine gute Taktik. Ich bin eine Freundin der Wahrheit und des Bewusstseins, denn nur das, was wir uns bewusst machen, können wir verändern. Nimm' dir eins deiner Probleme im Leben vor und schreib' es in allen Facetten auf. Beleuchte es.

- o Was ist da los?
- o Wo tritt es auf?
- o Wo stört es, woran hindert es dich?
- o Wer ist betroffen?
- o Was kannst du nicht mehr tun?
- o Oder ganz anders gefragt, was kannst du tun, wenn es gelöst ist?
- o Was ist Gutes daran?
- o Warum möchtest du es lösen?

Schau' es dir in allen Facetten an, schreib' es auf. Überlege dir, welche wichtigsten Stärken du hast. Gab es schon einmal ähnliche Situationen in der Vergangenheit, in denen du auch aus dir heraus ein Problem gelöst hast oder eine Krise gemeistert hast?

Gehe zurück zu diesem Zeitpunkt und überlege dir, was dir dabei geholfen hat, dieses Hindernis zu überwinden. Was hast du aus dieser Situation gelernt? Was konntest du in dieser Situation deine Persönlichkeit weiter entwickeln? Schau dir genau an, welche ‚Kräfte' du erworben hast. Manchmal ist es tatsächlich magisch, was wir entdecken dürfen.

Jetzt geht es darum, dir zu überlegen, wie du das, was du damals gewonnen hast, heute umsetzen kannst. Was genau hat dir damals geholfen und wie könnte es dir heute helfen? Wie könntest du es schaffen, die heutige Situation ähnlich zu lösen?

Schreibe dir dazu zwei Geschichten auf. Zum einen die Geschichte von damals, also ein Problem, dass du hattest und lösen konntest: Überlege, was genau zu der Zeit geschehen ist, wie du dich verhalten hast und wie du in dieser Zeit deines Lebens gewachsen bist. Vielleicht konntest du das am Anfang nicht genau erkennen, da der Schmerz oder die Trauer oder die Bürde diese Erfahrung sehr stark waren. Doch im Rückblick ist es meistens so, dass wir das Gute an Herausforderungen erkennen können, in jeder Krise dürfen wir wachsen und an Stärke gewinnen.

Schreibe dann als Nächstes die Geschichte oder das Drama auf, was dir heute als Hindernis im Weg steht. Was belastet dich? Wo fühlst du dich gehemmt? Welcher Art ist das momentane Problem? Wer ist beteiligt? Wie hindert es dich im Alltag?

Frage dich, wie du die damals gewonnene Stärke heute für dich nutzen kannst. Wie und wo genau kannst du sie einsetzen? Was brauchst du, um das Hindernis zu überwinden? Was kannst du ähnlich gut machen wie damals?

Sammle Ideen, mache Brainstorming, nimm dir eine gewisse Zeit, sagen wir 15 Minuten, um in dich zu gehen und deine Geschichte neu zu schreiben. Verändere dein Problem, indem du den Hebel deiner Stärke ansetzt. Lege sie dann erst einmal zur Seite und schaue am nächsten Tag noch einmal darauf und reflektiere.

Reflektiere, wie dein Verhalten und deine innere Haltung sich im Laufe deines Lebens schon ändern konnten und was es jetzt für dich bedeutet, vor einer Herausforderung zu stehen. Was hat sich schon alles getan in deinem Leben. Welche Dinge konntest du schon meistern? Welches Verhalten von dir war der größte Beitrag? Welche Möglichkeiten der Lösung hast du in dir selbst getragen? Hol' es nun wieder hervor. Mache dies am besten regelmäßig mit all deinen Stärken, nicht nur mit einer Stärke. Frage dich, wo sie hilfreich war und wie du sie gewinnbringend weiter in deinem Leben einsetzen kannst. Frage dich auch regelmäßig, wie du zu den wichtigsten Themenbereichen in deinem Leben stehst.

- ○ Wie denkst du über deine Familie, wie denkst du über deine Freunde?
- ○ Was glaubst du über deine Eltern?
- ○ Wie stehst du zu deiner Beziehung?
- ○ Lebst du gesunde Routinen?
- ○ Welche deiner Gewohnheiten sind mittlerweile überflüssig?

Bist du ein Bewegungsmuffel?

Dann ist es an der Zeit, dass wir dich zu einem Freund der Bewegung machen. Denn den Körper zu bewegen, bewegt auch dein Inneres.

Im Grunde hat das Bewegen sehr viel mit Achtsamkeit zu tun. Es geht immer um Achtsamkeit, auch bei der positiven Psychologie. Alles, was du tust, sei es ein Spieleabend mit Freunden, eine Feier, eine Shopping-Tour, eine Rad-Tour, alles braucht deine Sinne. Je aufmerksamer du bei der Sache bist, desto mehr Chancen hast du, dich selbst kennenzulernen. Später im Buch komme ich noch zu konkreteren Übungen, um Körper, Geist und Seele gleichermaßen mit einzubeziehen.

Wenn du mit deinen Freunden oder der Familie zusammen bist, dann sei bewusst bei ihnen. Betrachte deine Freunde. Welches Gefühl hast du, wenn du mit ihnen bist. Was geben sie dir. Was gibst du ihnen? Frage einmal ganz bewusst, wie es ihnen geht, widme dich ihnen. Wer ist dein Gegenüber, was kannst du wahrnehmen? Stell dir vor, du würdest dein Gegenüber heut zum allerersten Mal begegnen, was nimmst du wahr?

Ebenso kannst du, wenn du in der Natur unterwegs bist – etwas, das ich dir sehr ans Herz lege, regelmäßig zu tun – ganz bewusst atmen, schauen, hören, riechen. Wie ist die Luft, warm, kühl, wonach riecht es, wie sind die Farben?

Trainiere bewusst wieder deine 5 Sinne, denn so kommst du im Hier und Jetzt in deinem Körper an. Gehe neue Wege, die du noch nicht kennst. Lasse dich auf Neues ein, betrachte alles einmal mit den Augen eines Kindes, dass noch nicht gesehen hat, was du jetzt siehst. Erweitere so deinen Horizont und bleibe offen für neue Dinge, die dich über den Tellerrand hinausblicken lassen und Körper und Geist gleichermaßen in Bewegung bringen.

WOOP!

Ich möchte dir unbedingt noch WOOP! von Gabriele Oettingen[10] vorstellen. Denn dies ist ein 4-Schritte-Programm, um Hindernisse optimal zu überwinden. Du lernst, bevor ein Problem auf den Plan tritt, wie du mit ihm umgehen und es überkommen kannst. Es gibt für WOOP! übrigens eine App fürs Smartphone!

Es geht um **W**ish (Wunsch), **O**utcome (Ergebnis), **O**bstacle (Hindernis) und **P**lan (Plan) und folgende Schritte werden hier genannt:

1. Was wünsche ich mir wirklich, wirklich?

2. Welche Ergebnisse möchte ich erreichen?
Hier geht es darum, eine echte Vision vor dem inneren Auge zu haben.

3. Was fühle ich, sehe ich, höre ich? Wer ist dabei?

4. Welches Hindernis sehe ich? Welche Steine könnten sich mir in den Weg legen?

5. Welchen Plan kann ich entwerfen, um die Hindernisse aus dem Weg zu räumen? Was könnte helfen? Wen könnte ich fragen? Welche Unterstützung habe ich? Ein Wenn-Dann-Plan ist hier hilfreich.

---

[10] Psychologie des Gelingens, Droemer TB; 3. Edition (3. April 2017)

Was Karate Kid mit deinen Stärken zu tun hat

Solltest du neue Dinge angehen, ist es total hilfreich zu wissen, dass neues Wissen oder Gewohnheiten nicht in einem Tag entstehen. Auch bleibt man auf dem Weg öfter mal stehen, hat das Gefühl, dass meine keine Lust oder Energie mehr hat oder es einfach nicht weitergeht.

Bleib hier dran und wiederhole das neue Wissen, bis es so gut sitzt wie ein Werkzeug, dessen Umgang du im Schlaf beherrschst.

Erst wenn wir eine Technik, eine Grundlage, im Schlaf beherrschen, können wir zum „Freestyle" übergehen und unsere eigene Technik mit einbringen. *Picassos*[11] (ein spanischer Maler, 1881 - 1973) bekannteste Werke sind z. B. überhaupt nicht realistisch gemalt oder gezeichnet. Seine Werke stehen im Zeichen des Kubismus, gingen über eine Blaue und Rosa Periode.

Begonnen hat er als Künstler mit dem klassischen Handwerk der Malerei und er beherrschte absolut meisterlich die Malerei. Viele Menschen würden in seinen ersten Kunstwerken den Picasso überhaupt nicht entdecken können.

Was ich damit sagen möchte: Du beginnst mit dem Nachmachen und Erlernen der Grundlagen, gehst dann weiter über ein Vertiefen der Grundlagen und ersten Techniken, die du nachgemacht hast und erst danach wirst du deinen eigenen Weg finden, deine eigene Kunstfertigkeit in der Disziplin, die du lernst.

Egal ob es Persönlichkeitsentwicklung oder ein Handwerk ist, der Weg des Lernens ist der Gleiche. Es geht zunächst immer um Wiederholungen und dann erst um das freie Ausüben und die eigene Note, die du in dein Handeln bringst. In *Karate Kid*, einem US-amerikanischen Spielfilm von *J. G. Avildsen* von 1984, geht es genau um dieses Thema – schau' in dir gern

---

[11] https://de.wikipedia.org/wiki/Pablo_Picasso

einmal an oder noch einmal an unter dem Aspekt des Verstärkens deiner Stärken und der Wiederholungen, die notwendig sind, um etwas im Schlaf zu beherrschen. Sein Potenzial auszuschöpfen bedeutet so viel mehr, als wir uns gemeinhin vorstellen.

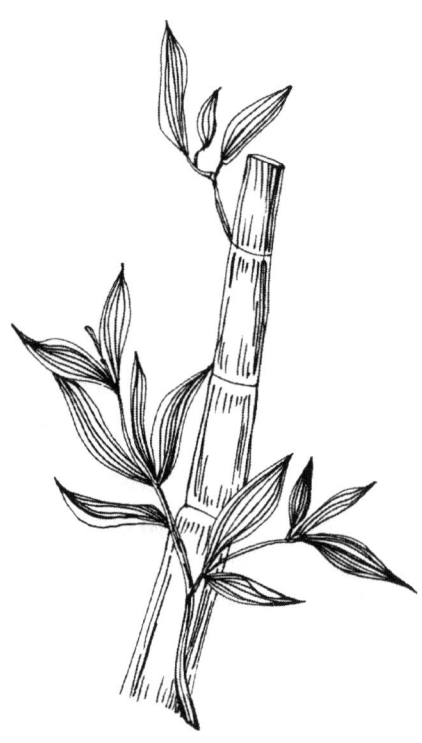

Kritik an der Positiven Psychologie

Die Kritik sagt, dass der Druck, der entsteht, wenn man sich von lauter fröhlichen Menschen umgeben sieht, zu groß für jemanden ist, der sich depressiv, einsam oder aus anderen Gründen schlecht fühlt. Das ist verständlich.

Wir kennen alle das Phänomen, dass es ungerecht erscheint, wenn alle in Glück schwelgen, nur wir selbst den Absprung nicht schaffen. Da könnte so eine Aussage wie: *„Du musst nur positiv denken!"*, tatsächlich wie ein Schlag ins Gesicht wirken.

Es ist eine Gratwanderung, mit Affirmationen oder Erinnerungen an bessere Zeiten, schöne Erlebnisse, weiterkommen zu wollen. Denn solange ich mich mit den Erinnerungen noch schlechter fühle, weil ich traurig bin, dass diese Zeiten vielleicht nie kommen werden, werde ich mich noch schlechter fühlen, als das ohnehin der Fall war.

Die positive Psychologie wird häufig kritisiert, sie blende Probleme aus bzw. kehre diese unter den Teppich. Sie sei eine reine Glücksforschung. Doch untersucht die positive Psychologie um einiges mehr als nur das Glück, und zwar geht es z. B. auch um

- Traumata
- Führungsstrategien
- Lernen
- Erziehung
- Resilienz
- Selbstwirksamkeit

Es sollte ja lediglich ein Abgrenzen gegen die herkömmlichen, defizitorientieren Theorien stattfinden, um mehr Wohlbefinden herstellen zu können.

Das bewusste Beschäftigen und Trainieren der positiven Gefühle und Emotionen sollte die Entwicklung fördern und das Leben des Einzelnen in der Gesellschaft glücklicher machen. Wer möchte nicht ein glückliches Leben führen – nehmen wir doch die Ideen mit in den Alltag, um das eigene Leben und damit auch das unserer Freunde und unserer Familie zu verbessern.

3 Emotionale Intelligenz

John D. Mayer und Peter Salovey prägten um 1990 den Begriff der emotionalen Intelligenz, ausgehend von der „sozialen Intelligenz" von *Wechsler und Thorndike* und der Idee der multiplen Intelligenzen von Howard Gardner.

Menschen, so könnte man zusammenfassen, fungieren nur gut als Vorbilder bzw. im Umgang mit anderen Menschen generell, wenn sie bestimmte Fähigkeiten besitzen, und zwar beruflich und privat. Im weitesten Sinne ging es bei allen um die Persönlichkeitspsychologie. Intellektuelle Fähigkeiten sollten mit emotionalen Fähigkeiten in Kombination eine optimale Grundlage für den zwischenmenschlichen Umgang bilden.

Auch *Goleman*, ein Journalist, trug zur Popularität des EQ bei. 1995 wurde sein Werk *„EQ. Emotionale Intelligenz"* veröffentlicht und eroberte den Buchmarkt. Den Begriff des EQ erweiterte er später noch um das Thema der Führung in Unternehmen: Was macht optimales Leadership aus, um somit optimale Ergebnisse erreichen zu können?

Intelligenz

Was ist denn nun genau Intelligenz? *Gardner*, Autor der „Theorie der multiplen Intelligenzen", beschreibt sie als Fähigkeit, die man stärken und sich entwickeln kann. Er spricht von neun Intelligenzen, auf die ich hier nicht weitereingehen werde, die er aus seinen Forschungen ableitet.

Menschen mit einem hohen EQ sind Empathiker, die sich gut in andere hineinfühlen können. Und gleichzeitig sind sie in der Lage, andere zu beeinflussen. Sie sind also in beide Richtungen begabt, was sie von einem rein mitfühlenden Menschen unterscheidet.

Nach *Goleman* findet man bei Menschen mit emotionaler Intelligenz folgende Fähigkeiten:

- Reflexion und Kenntnis der eigenen Gefühle
- eine gut ausgebildete Empathie
- eine hohe Umsetzungskompetenz von Zielen
- eine gute Beziehungskompetenz in jedem zwischenmenschlichen Bereich
- die Fähigkeit der Transformation, also der Steuerung von Gefühlen.

Man könnte sagen: Die Kenntnis um unsere Gefühle sorgt dafür, dass wir in der Lage sind, diese auch zu steuern. Verändern kann ich nur Dinge, die mir bekannt sind. Dies setzt eine gewisse Ehrlichkeit und Offenheit sich selbst gegenüber voraus. Wenn dir der Begriff des blinden Fleckes ein Begriff ist, dann weißt du wahrscheinlich, wie schwer es ist, sich selbst zu erkennen. Betriebsblindheit erklärt dieses Phänomen auch ganz gut.

Wir alle neigen dazu, Dinge, die wir an uns nicht mögen, nach außen und am liebsten auf andere Menschen zu projizieren. So müssen wir uns selbst nicht beschimpfen. Wir sind geschützt, der andere ist das Schwein oder das schwarze Schaf. Können wir uns selbst erkennen und wissen genau, wer wir sind, dann ist der Umgang mit den Gefühlen, der aus dieser Ehrlichkeit resultiert, mit Sicherheit ein angemessener.

Was meine ich damit? Ich kann meine Gefühle, meine Zustände dann regulieren, wenn ich erkennen kann, wie es mir geht und wenn ich weiß, was meine echten Bedürfnisse sind. Geht es mir sehr schlecht, bin ich in einer Krise, etwas ist mir geschehen oder widerfahren, dann kann ich selbst mit Hilfe meiner eigenen Kraft mich aus diesem Dilemma herausholen. Ich weiß genau, was ich tun muss, damit es mir emotional besser geht. Ein Kind in einer schlimmen Situation muss getröstet und gehalten werden. Ich als Erwachsener habe die Chance, mir selbst zu helfen.

Beherrsche ich die Fähigkeit der Reflexion und Transformation, kann ich also auf mich selbst beruhigend und verändernd einwirken. Selbstwirksamkeit und Selbstermächtigung sind für einen Menschen mit EQ eine Selbstverständlichkeit.

Das bedeutet, dass ich hier Ängste, Enttäuschungen oder auch Wut und Zorn eigenverantwortlich abmildern kann oder in positive Gefühle verwandeln, ohne dass ich mein Gegenüber oder mich selbst verletzen müsste. Dies zeugt auch von einer hohen Resilienz.

Dass Gefühle bei der Zielerreichung essentiell sind bzw. unseren Zielen zugrunde liegen, hatte ich schon erwähnt. Machen wir uns nochmals klar, dass Ziele immer ein Gefühl als Basis oder als Triebkraft haben. Dieses Wissen kann ich mir zu Nutze machen und mit meiner emotionalen Intelligenz die Gefühle transformieren oder auch beeinflussen, um mein Ziel leichter und schneller zu erreichen. Ein schöner Nebeneffekt ist, dass meine Kreativität steigt und somit auch mal Erfolgserlebnisse.

Empathie ist eine Fähigkeit, die mir bessere, harmonischere Beziehungen bescheren wird. Je mehr Einfühlungsvermögen ich besitze, desto besser kann ich mein Gegenüber erkennen und auf seine oder ihre Bedürfnisse eingehen.

Beziehungen spielen in jedem unserer Lebensbereiche immer die größte und entscheidendste Rolle. Menschen leben in Netzwerken und Systemen, die aus Menschen bestehen. Wir leben in Abhängigkeiten und auch Zusammenarbeit ist für ein Weiterkommen und das Erreichen unserer Ziele überaus wichtig.

Kommen wir noch kurz auf den Erfolg zu sprechen, wie auch immer du ihn für dich definieren magst. Gehen wir davon aus, dass Erfolg etwas ist, das dich deine Ziele erreichen lässt.

Erfolg als generellen, nicht nur beruflichen Lebenserfolg. Man fand heraus, dass reiner Intellekt mehr Einfluss auf unser Leben und unser Vorankommen hat als die Gesamtheit der Persönlichkeit, wir können es gern den Charakter nennen.

Eigenschaften wie Verantwortung, Selbstverantwortung, Flexibilität und auch der Grad der Beliebtheit bei anderen Menschen hängt weniger vom Intellekt, dem Intelligenzquotienten ab, sondern davon, wie viel Einfühlungsvermögen ein Mensch hat, wie viel Ausdauer, wie viel Selbstwert, wie viel Disziplin.

Alles Eigenschaften, die mit der reinen Schulleistung, der akademischen Leistung, nicht sehr viel zu tun haben. Alle mit schlechten Schulnoten oder zumindest ohne die Bestnoten dürfen jetzt ein wenig aufatmen.

ZUSAMMENFASSUNG

Zusammenfassend kann man sagen, dass ein guter EQ auf folgenden Säulen steht:

- Sich selbst bewusst sein

- Selbstregulation/Selbststeuerung

- Motivation

- Einfühlungsvermögen

- Sozialkompetenz

Der EQ ganz privat

Beziehungen – gute, harmonische Beziehungen sind auf einen gewissen EQ angewiesen. Denn eine emotionale Intelligenz der Partner sorgt dafür, dass sie nicht alles persönlich nehmen, wenn der Partner z. B. einmal keine blendende Laune hat oder es ihm nicht so gut geht. Menschen mit einem hohen EQ sind in Krisen in der Lage, auf den Partner einzugehen, ihn zu verstehen, seine Gefühle zu verstehen und sich einfühlend mitzuteilen.

Wenn in einer Beziehung alles stimmt, beide die Zeiten auf Wolke 7 verbringen können, ist es einfach, einem Partner oder der Partnerin gegenüber loyal und liebevoll zu sein. Doch das Leben ist ein Auf und Ab. In schwierigen Zeiten, oder wenn die Beziehung sich durch Kinder, Krankheit, Pflege der Eltern oder Jobverlust oder auch Krisen wie Corona verändert, dann zeigt sich, wie stark das Band ist und auch wie empathisch die Partner sind.

Das Wichtigste in Beziehungen ist hier wohl die Kommunikation. Wenn ich mich und meine Gefühle erkenne, die des anderen erkenne, schlage ich eine Brücke durch eine gute Kommunikation, denn der andere kann wohl kaum in der Glaskugel lesen.

Zu einer gelungenen Kommunikation gehört das Reden, aber auch das Zuhören und dem anderen die volle Aufmerksamkeit schenken zu können. Das sind meist Fähigkeiten, die eher den Frauen zugesprochen werden.

Doch kann man so nicht pauschalisieren. Es gibt viele Frauen, die Angst haben, ihre wirklichen Gefühle preiszugeben und es häufig auch verlernen, eine gesunde Selbstliebe zu leben. Beide Partner brauchen die Fähigkeit, aufeinander zuzugehen und sich gegenseitig als auch sich selbst zu lieben und zu respektieren. Konflikte brauchen sehr viel innere Stabilität, Bewusstsein und Kenntnis der eigenen Befindlichkeiten.

EQ im beruflichen Bereich

Ein gutes Maß an Beziehungskompetenz kommt jeder Führungsperson zugute. Mitarbeiterführung hat immer auch damit zu tun, wie sehr ich mich selbst führen kann einerseits und auf der anderen Seite, wie gut ich meine Mitarbeiter einschätzen kann.

Nicht nur anhand seiner Qualifikation, die der Mitarbeiter fachlich mitbringt. Entscheidend ist auch, wie gut ein Mitarbeiter sich in eine Gruppe einfügen kann, welche emotionale Kompetenz er mitbringt, um sich am Arbeitsplatz optimal bewegen zu können.

Als Führungskraft sollte ich verstehen, ob mein Mitarbeiter jemand ist, der viel Nähe braucht oder nicht viel Nähe ertragen kann.

Ich sollte verstehen, ob mein Mitarbeiter jemand ist, der z. B. viel Abwechslung braucht oder eher jemand, der besser in Routineaufgaben ist. Ist es jemand für ein Großraumbüro oder braucht der Mitarbeiter einen eigenen Arbeitsplatz. Bedürfnisse und Werte von Mitarbeitern zu erkennen, ist essenziell für den Einsatz des einzelnen Mitarbeiters im Unternehmen.

Auch im beruflichen Bereich als Führungspersönlichkeit geht es darum, Emotionen zu erkennen. Sowohl die eigenen als auch die Emotionen meines Gegenübers sollten erkannt werden können und auch mitgeteilt werden können.

Verständnis, die richtige Denkweise und innere Haltung und die Fähigkeit, so das eigene Leben zu gestalten und Lösungen zu finden, die das eigene als auch das Leben der Mitarbeiter verbessern können, machen eine Führungspersönlichkeit aus.

Selbstverständlich kommen hier, wie in jeder anderen beruflichen Optimierungstechnik, eine Vielzahl von Techniken hinzu, die den Berufsalltag verbessern sollen.

Auch die emotionale Intelligenz bedient sich dieser, von denen ich hier nur einige wenige aufzählen werde:

- Smart-Methode
- Pareto-Prinzip oder auch die 80/20-Methode
- Eisenhower-Methode
- Pomodoro-Methode
- Tiger-Technik

Wahrscheinlich kennst du schon einiges aus anderen Bereichen wie dem Coaching oder dem Zeitmanagement. Gerade in Zeiten des Home-Office sind diese Techniken bestimmt sinnvoll. Es sind alles Techniken, die dabei helfen mögen, intelligent den Arbeitsalltag zu bewältigen und Mitarbeiter bestmöglich zu motivieren.

Den EQ zum Erblühen bringen

Letztlich kommen wir in diesem Ratgeber bei jeder Methode immer wieder zu ähnlichen Tipps. Egal, ob es um den EQ geht oder die positive Psychologie: Es geht um Bewusstsein, um Fühlen, um Reflexion. Hier muss das Rad nicht immer neu erfunden werden, andererseits kann man diese Tipps nicht oft genug hören. Ich darf selbst zugeben, dass ich schon vor 15 Jahren oder 20 Jahren Mentoren hatte, die mir nahelegten, ein Journal zu schreiben oder ein Visionboard zu basten. Damals hatten diese Dinge vielleicht andere Namen, doch ich wusste, dass es hilft, vergaß es jedoch immer wieder. Bis der nächste Mentor oder die Coachingwelle mit dieser Empfehlung um die Ecke kam.

Diese Dinge werden dir mit Sicherheit helfen, deinen EQ zu stärken und zu entfalten.

Am Anfang steht immer die **Wahrheit zu dir selbst**, eine Reflexion und Selbsterkenntnis. Du kannst hier gut mit Glaubenssätzen arbeiten. Da diese meist im Unterbewusstsein vergraben sind, ist es eine gute Methode, sich zu fragen, wo im Leben nicht alles glatt läuft. Ganz ehrlich, ohne es sich schönzureden. Hier findest du am besten **deine Glaubenssätze,** die dich behindern, indem du dich fragst, warum du hier nicht weiterkommst. Grabe richtig tief und erkenne, was dich behindert – und vor allem, ob dies der Wahrheit entspricht.

Nehmen wir einmal an, du bist 65 Jahre alt und wünschst dir einen Partner, doch jahrelang kannst du einfach niemanden finden, der zu dir passt. Frage dich ehrlich, warum du niemanden findest. Glaubenssätze könnten hier sein: Ich bin zu alt. Die guten Männer/Frauen sind einfach schon vergeben. Während Corona ist es unmöglich, jemanden kennenzulernen. Ich bin einfach nicht schön genug. Ich treffe immer die falschen. ... und so weiter. Hier kannst du ansetzen, denn hier findest du Aussagen, die du über dich triffst oder getroffen hast und die etwas über dich erzählen, nicht über die Außenwelt.

Frage Freunde oder Verwandte, was **typische Charaktereigenschaften** von dir sind, was sie an dir schätzen oder wo du an dir arbeiten könntest. Frag dich, was du an anderen Menschen bewunderst und wo du dir selbst im Weg stehst.

So etwas geht nicht von heute auf morgen, doch mit der Zeit kommt man sich selbst auf die Schlichte.

Helfen kann hier auch ein sogenanntes **Journaling, tägliches Schreiben.** Es verschiedene Methoden, um Journaling zu praktizieren. Du kannst aufschreiben, was du dir wünscht, oder auch wie du sein möchtest, deine Ziele oder Reflexionen, was am Tag gut funktioniert hat und was nicht.

Du kannst auch deine **Gefühle aufschreiben** und welches deine **Gedanken** an diesem Tag waren.

- o   Wie hast du Entscheidungen getroffen?
- o   Wie hast du dich in bestimmten Situationen verhalten?
- o   Warst du gelassen?
- o   Hast du dich sicher gefühlt?
- o   Wer ist dir auf den Schlips getreten und warum glaubst du, bist du in eine schlechte Stimmung geraten?
- o   Worüber hast du dich besonders geärgert?
- o   Worüber hast du dich besonders gefreut?

Anders als beim Tagebuchschreiben geht es hier darum, dass du einmal reflektierst, aber auch die Realität aufschreibst.
Halte nichts zurück, sei ehrlich. Bewusste Beobachtungen bringen dich sehr schnell zu dir selbst und zu dem, der oder die du wirklich bist. Es gehört nur ein wenig Disziplin und Mut dazu.
Diese Ehrlichkeit hat mit **Selbstverantwortung** zu tun. Indem du Verantwortung für dich übernimmst und es nicht anderen Menschen

überlässt, zu entscheiden, wie du dich fühlst, dann hast du große Chancen, dich selbst besser regulieren zu können. Ich weiß, das klingt sehr technisch. Gemeint ist: Ich kann, wenn ich in einen schlechten Zustand rutsche und es mir nicht gut geht, genauso dafür sorgen, dass es mir recht schnell wieder besser geht. Ich gebe niemandem die Schuld für meine Gefühle, sondern steuere dies selbst.

Gefühle und Emotionen: Statt sie zu unterdrücken, lebe ich mehr und mehr in dem Bewusstsein, dass jedes Gefühl seine Berechtigung hat und auch gefühlt werden darf.

Fragen wie die Folgenden können dir helfen, dich besser kennenzulernen:

- Wer bin ich wirklich?
- Welche Fähigkeiten und Stärken habe ich?
- Was macht mich besonders?
- Wer hat mich in der Kindheit geprägt?
- Was bekam ich zu hören, wenn ich brav war?
- Was waren Strafen, wenn ich nicht brav war? Wofür wurde ich bestraft?
- Worin bin ich besonders gut?
- Welche Tätigkeiten gefallen mir?
- Wann blühe ich richtig auf?
- Was habe ich in der Kindheit gern getan?
- Was könnte ich stundenlang tun, ohne eine Pause zu machen?

Eine weitere gute Methode, mehr zu sich selbst zu finden und achtsamer zu werden, das ist die Meditation. Meditieren ist auch eine Art Selbstreflexion. Du spürst in dich und deinen Körper hinein und bist so in der Lage, dich selbst besser wahrzunehmen und in allen Situationen angemessener zu reagieren.

Meditation ist ein wunderbares Werkzeug, um empathischer zu werden. Meditation öffnet Herzen und macht uns Menschen weicher und gleichzeitig widerstandsfähiger.

Es gibt viele Meditationstechniken, es gibt nicht die eine Meditation, die für alles und jeden geeignet ist. Wenn dich das Thema anspricht, ist es gut, sich ein Buch zu besorgen oder für den Einstieg einen Kurs zu besuchen. Gut ist es, sich möglichst wenig von den Medien und vom Internet beeinflussen zu lassen. Stundenlanges *Am-Handy-Daddeln* oder *Fernsehen* macht ein bisschen dumpf und lässt dich eher im Außen als im Innen verweilen. Für eine gute **Selbstkenntnis** und um sich selbst näher zu kommen, ist es wichtig, sich weniger auf das Außen zu konzentrieren, sondern immer mal wieder am Tag Ruhe einkehren zu lassen.

Es gibt viele Möglichkeiten, den Umgang mit den eigenen Gefühlen wieder zu erlernen. Egal, ob dies in einer Meditationsgruppe, in einer Gruppentherapie oder mit einem Coach geschieht: Es ist essentiell. Es gibt auch wunderbare Übungen oder die Technik der Achtsamkeitspraxis, um sich selbst wieder näher zu kommen und aufmerksamer für die eigenen Gefühlszustände zu werden.

Gegen Ende des Buches wird es einige Übungen aus der Achtsamkeitspraxis für die Gefühle geben.

Frage dich doch mehrmals am Tag:

1. Wie fühle ich mich jetzt?
2. Was hat dieses Gefühl ausgelöst?
3. Was löst dieses Gefühl in mir oder meinem Körper aus?
4. Wo spüre ich dieses Gefühl besonders intensiv?

Häufig glauben wir, dass Gedanken *einfach so* da sind. Doch so ist es nicht – wir können unsere Gedanken sehr gut kontrollieren und in die Richtung lenken, in der wir sie haben möchten.

Über Gedanken und Gefühle werden wir noch genauer sprechen. Gerade Verletzungen und Demütigungen bringen uns oft in Gefühlslagen, die wir kaum noch – oder gar nicht mehr – kontrollieren können. In solchen Fällen übernimmt die Amygdala (Frau Flodder, wie eine Mentorin den Teil des Gehirns nannte) im Gehirn das Ruder.

Und dann läuft alles aus dem Ruder ...
Denn wenn wir uns extrem gekränkt fühlen, werden Informationen an den Hypothalamus weitergeleitet, die uns in einen totalen Adrenalin-Rausch versetzen. Die Großhirnrinde, unsere grauen Zellchen, die das verhindern könnten, sind leider etwas langsam, denn sie sind ja nicht für Notfälle zuständig. So kommt es zu einem Gefühlsausbruch und, wenn Wut im Spiel ist, auch zu einem Vulkanausbruch.

Einen gesunden Umgang damit kann man lernen – wie auch mit allen anderen Gefühlen. Die Situation verlassen, sich auf etwas anderes konzentrieren, atmen, das alles sind gute Wege, um Ruhe zu bewahren.

Auch sachlich zu argumentieren, statt auf eine persönliche Ebene bei Diskussionen einzusteigen.

4 Reflexionsfragen & Übungen für die Resilienz

Dein Verhalten dir selbst gegenüber betrifft folgende Bereiche:

- Gefühle

- Körper

- Tätigkeiten

- Umfeld

- Lebensfreude

1. In den Körper spüren: Wie spüre ich meinen Körper? Wo bin ich verspannt?

2. Seelisch: Ich nehme wahr, was ich fühle … ich spüre, wie es mir geht, welche Gefühle ich in Bezug auf eine Situation habe.

3. Ich nehme mich als Mitglied einer oder mehrerer Gruppen wahr. Ich bin ein Teil der Familie, der Gesellschaft etc. und ich gestalte Beziehungen.

4. Ich bin verantwortlich für meine inneren und äußeren Räume – ich gestalte meine Umgebung und meine Gedanken und Gefühle.

Mache dir klar: *„Ich bin in ständiger Entwicklung …"*

Hilfreiche Fragen sind hier:

- Welches Bild habe ich von mir selbst?
- Entspreche ich Erwartungen oder höre ich auf mich selbst?
- Welche Tätigkeiten stärken mich?
- Was schenkt mir Selbstvertrauen?
- Habe ich Kontakt zu meinen Gefühlen?
- Welche Hobbys geben mir Kraft?
- Was im Alltag macht mir Freude?
- Welche Beziehung habe ich zu meinem Körper?
- Fühle ich mich in mir selbst zu Hause?
- Nehme ich meine Körperbedürfnisse wahr?
- Liebe und pflege ich meinen Körper ausreichend?
- Welche Menschen in meinem Umfeld tun mit gut?
- Achte ich eher auf die Bedürfnisse anderer als auf meine eigenen?
- Wer oder was zieht mir zu viel Energie?
- Kann ich meine Meinung gegenüber anderen gut vertreten?
- Welche Rolle spielt Lebensfreude in meinem Leben?
- Habe ich Ziele, auf die ich mich freue?
- Schenke ich mir genug Entspannung?
- Mache ich mir Geschenke?
- Feiere ich mein Leben?

Dein Verhalten dir selbst gegenüber:

Wie ist dein Verhalten, deine Aufmerksamkeit für dich selbst?

Was wünscht du dir?

Aufmerksamkeit – welche Zuwendungen gibst du dir selbst?

Wie verhältst du dich dir selbst gegenüber?

A
Behutsamkeit/Geduld
akzeptieren
Mut machen
lächeln
zuhören
verzeihen
gut zureden
trösten

B
antreiben
kritisieren
betäuben (Drogen/Alkohol)
schimpfen
abstrafen
zusammenreißen
Scham
Ignoranz der eigenen Bedürfnisse

1. Welche Verhaltensweisen fallen dir noch auf?
2. Möchtest du dich wirklich verändern?
3. Wie oder was genau soll sich ändern?
4. Und wie würde sich das auf dein Umfeld auswirken?

Stärkende Affirmationen

Vermutlich hast du schon von den Techniken Affirmation oder Autosuggestion gehört. Beide haben eine ähnliche Herangehensweise. Sie wirken wie Fragen, auf die du dein Unterbewusstsein ansetzt. Das Unterbewusstsein lässt sich am besten beeinflussen, wenn du entspannt bist, ein wenig wie in Hypnose.

Daher funktioniert die Werbung im Fernsehen auch so gut. Wir schlummern ein wenig vor uns hin und es gibt viele, viele Wiederholungen – mit einprägender Musik und Bildern und einfachen Texten oder noch besser mit Reimen.

Es handelt sich um Botschaften, die dein Unterbewusstsein nicht nur beeinflussen, sondern auch langfristig verändern können oder besser gesagt: Sie können neue Glaubenssätze in dir anlegen.

Dies sind Gedanken, die du schon so oft gedacht hast, dass du sie endlich als wahr oder real betrachtest. Nun kannst du sie dafür nutzen, Botschaften an dich selbst zu senden, die dich motivieren und stärken.

Wie das funktioniert?

Du gibst dir selbst Sätze vor, die sich für dich gut und motivierend anfühlen, im Gegensatz zu Dingen, die dich früher heruntergezogen haben. Wenn du sie häufig wiederholst, werden sie sich in dein Unterbewusstsein einprägen wie die Rillen in einer Schallplatte.

Du gibst damit deinem Unterbewusstsein eine neue Richtung vor, dein Denken wird sich verändern und damit auch dein Erleben, dein Selbstvertrauen und das, was dir im Leben begegnet und widerfährt.

Es braucht hier einige Parameter, damit es gelingen kann:

o Die Sätze sollten sich für dich gut anfühlen.

o Die Sätze dürfen nicht „zu verrückt" sein.

o Klare, einfach Sätze, als würdest du mit einem Kind sprechen. Zeit: Gegenwart (Ich bin stark. Ich denke positiv).

o Wichtig ist das Gefühl, dass du empfindest, wenn du die Sätze sagst. Du solltest dich gut bis euphorisch fühlen, beschwingt.

o Du musst dich vorher gut entspannen, sonst schläft der Wächter des Unterbewusstseins nicht.

o Wiederholungen sind sehr wichtig, mache es jeden Tag mehrmals über 21 Tage.

Ich gebe dir einige Beispiele, anhand derer du dir dann eigene Sätze aufschreiben kannst:

o Mit jedem Atemzug fühle ich mich kompetenter und konzentrierter.

o Immer wenn ich einen Vortrag halte, fühle ich große Wertschätzung.

o Ich bin im Fluss, wenn ich tief, ruhig und entspannt atme.

o Ich bin kompetent und selbstbewusst, wenn ich mich an meine täglichen Routinen halte.

o Wenn ich zufrieden bin, spüre ich das All-Eins-Sein.

o Ich liebe mich selbst, ich bin selbstbewusst und heil, weil es sicher ist, ich selbst zu sein.

o Während ich mich entspanne und empathisch bin, ist Kritik für mich etwas, woraus ich lernen kann.

o Ich bin kompetent und selbstbewusst, wenn ich Zuhörer habe oder einen Vortrag halte.

o Ich kann meine Ziele erreichen, wenn ich daran glaube, dass ich nicht scheitern kann, weil ich mit jedem Atemzug mehr Wissen habe.

Fragen, um deinen Prozess zu vertiefen:

o   Gibt es Sätze, die du als Kind immer wieder hören musstest und selbst jetzt nicht mehr loslassen kannst? (*Erst die Arbeit, dann der Spaß. Geld wächst nicht an Bäumen. Aus dir wird nie was.*). Verändere diese Sätze und sage dir Dinge, die das Gegenteil davon bedeuten. Formuliere immer positiv, ohne Negation.

o   Gibt es Sätze, die dir gutgetan haben und dich gefördert haben? Schreibe sie auf.

o   Entwickele 3 Sätze, die dir guttun und die dich stärken. Sage sie dir täglich mehrmals. Baue die Stärken ein, die du dir wünscht und die dir guttun.

5 Gegen den Burnout – ganz konkret

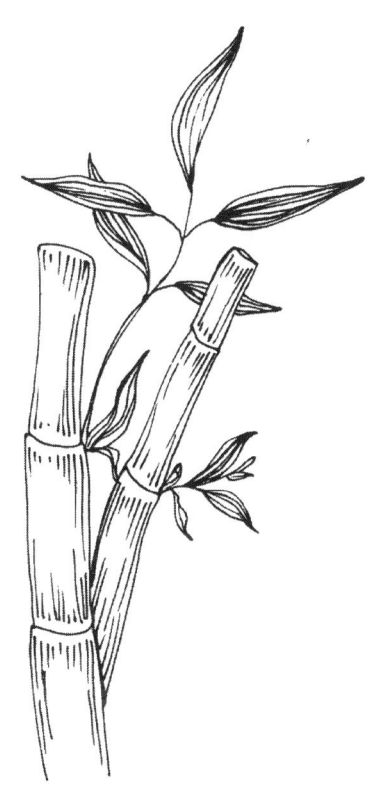

Was ist überhaupt ein Burnout?

Du bist immer pflichtbewusst und hilfsbereit. Du bist für alle da, vielleicht bist du ein Perfektionist oder eine Perfektionistin und bringst vollen Einsatz. Deine Leistungsbereitschaft und auch deine Energie sind unermesslich. Du liebst es, zuverlässig zu sein, 1000 % zu bringen und deine Mitmenschen zu beglücken. Du hilfst allen und bist immer zur Stelle. Deine Arbeitgeber sind mit dir zufrieden und du bist das beste Pferd im Stall.

Doch in letzter Zeit ist das beste Pferd im Stall nicht mehr das Pferd, welches über die höchsten Latten springt. Der Gaul lahmt. Am liebsten würdest du deinen Reiter abwerfen, fühlst du dich doch müde und erschöpft und kommst morgens überhaupt nicht mehr gut aus dem Bett. Nicht so wie sonst. Du denkst vielleicht noch – hoffentlich kommt jetzt keine Erkältung.

Der Montag steht plötzlich wie ein drohendes Ungewitter vor der Tür, du bist genervt, du fühlst dich unmotiviert und deine übliche Energie – wo ist die nur hin? So kennst du dich gar nicht! Du freust dich überhaupt nicht mehr auf dein Leben und auf das, was auf dich wartet. Du freust dich nicht mehr auf die ganzen Dinge, die du noch erleben und erledigen möchtest und du freust dich auch nicht mehr darüber, dass andere sich freuen, wenn du ihnen so tatkräftig unter die Arme greifst. Dein Akku ist leer.

Da du das nicht wahrhaben möchtest, weil du ja gar nicht der Typ bist, der einfach so die Beine hochlegt und schlappmacht, ignorierst du das eine ganze Zeit. Du verdrängst es und verdrängst es und verdrängst es. Und irgendwann kommst du überhaupt nicht mehr aus dem Bett.

Der Energieverlust, der vorher ein klein wenig spürbar war, der sich noch ganz gut verdrängen ließ, der lässt sich jetzt wirklich nicht mehr vertuschen und du musst eine kleine Auszeit nehmen. Vielleicht denkst du erst daran, einmal eine Woche im Bett zu bleiben. Doch aus der einen Woche werden plötzlich zwei Wochen und zwei Monate und plötzlich ist es ein ganzes Jahr. Unsere Leistungsgesellschaft erwartet nicht nur, dass wir viel arbeiten, sondern sie erwartet auch, dass wir uns anpassen. Mit unseren Werten, mit unseren Wünschen, mit unseren Sehnsüchten. Wir müssen das wollen, was uns angeboten wird. Wir sollen den Wunsch nach den Automarken aus der Werbung haben und wir sollen uns auf teure Fußballspiele freuen.

Was nun?

Wenn du jemand bist, dem der Stecker gezogen wurde, dann helfen dir verschiedene Techniken, Reflexionen, Entspannungsübungen und vieles mehr, um den Druck und den Stress, den du spürst, überwinden zu können. Leider ist der Burnout nicht im ICD10 aufgeführt. Er ist nicht in der Klassifikation psychischer Erkrankungen aufgenommen. Er ist lediglich unter einem Code erwähnt. Er findet ansonsten aber leider keine große Beachtung, zumindest nicht in der Medizin. Er ist ein Phänomen, ein Syndrom, und ihm folgen eine Reihe unspezifischer Symptome und viele nutzen ihn als Oberbegriff für viele Schräglagen des Lebens, Krisen und unschönen Phasen. Der erste Schritt zur Veränderung, egal um welches Thema es in deinem Leben geht, das ist immer die Reflexion – die Selbstreflexion. Du darfst hier ganz konkret eine Entscheidung treffen und dich für deine Gesundheit und für dein Lebensglück entscheiden. Das geht nicht von heute auf morgen, sondern das sind eher kleine Schritte von dort aus, wo du jetzt gerade stehst. Ich werde dir hier einige Tipps geben, wie schon in den ersten Kapiteln des Buches. Du bekommst Impulse, die du direkt umsetzen kannst. Das bedeutet aber nicht, dass dies allgemein gültig ist. Die echte wirkliche Wahrheit, die kennt niemand außer dir selbst. Für jeden funktioniert etwas anderes gut, jeder hat seine eigenen Übungen, die ihm helfen und seine eigenen Werte und Ansichten. Aus der Menge an Übungen und Tipps darfst du dir, das ist jetzt deine Aufgabe, die besten heraussuchen.

Alle meine Impulse sind Methoden, die ich auch in meiner eigenen Praxis beziehungsweise mittlerweile online mit meinen Klienten umsetze und die ich auch selber benutze. Bedenke aber, sie ersetzen nicht den Arztbesuch und ich gebe auch keine Heilversprechen!

Ursachen

Die Ursachen für einen Burnout können natürlich vielfältig sein. Wirklich erforscht hat man die Ursache noch nicht, doch es gibt eine Forschungsgruppe aus multiprofessionellen Wissenschaftlern in Dresden. Sie verfolgen einen sehr ganzheitlichen Ansatz und haben erkannt, dass es nicht die eine Ursache gibt.

Du hast es dir wahrscheinlich schon gedacht, dass die Ursachen sehr komplex und sehr wechselhaft sind. Sie entstehen aus einem Zusammenspiel von biologischen und psychologischen Merkmalen eines Menschen. Die Persönlichkeit spielt eine große Rolle wie das Umfeld eines Menschen. Man kann hier also nicht einen Stressor ausmachen. Es ist oft die Summe, die das Gift ausmacht.

Bei Frauen ist es häufig die Überarbeitung durch Doppelbelastung und die über große Verantwortung von Alleinerziehenden. Man spricht heute viel vom Mental Load. Wobei ich nicht sagen möchte, dass es nicht auch Väter gibt, die dieser Doppelbelastung anheimfallen.

Für viele Menschen kann Stress natürlich auch ein großer Motivator sein. Daher möchte ich hier niemandem Angst machen. Etwas, das uns pusht und das eine positive Wirkung auf unser Immunsystem hat, kann der Stress nämlich auch sein, so auch Doktor Grönemeyer aus Bochum mit dem treffenden Artikel *„Stress kann auch ein Segen sein."*

Viele Menschen, die einen Burnout erleiden, fühlen sich schwach und unfähig. Sie fühlen sich nicht so leistungsstark wie andere Menschen oder haben das Gefühl, dass sie kaputt sind, weil sie nicht mehr funktionieren wie vorher. Doch ein Burnout ist keine Schwäche.

Ein Burnout zeigt eher, dass dieser Mensch nicht mehr weiß, was er will. Er hört nicht auf das, was ihm selbst guttut. Dieser Mensch ist jemand, der ständig seine eigenen Grenzen übergeht. Vielleicht hat sich auch die Lebenssituation verändert und dieser Mensch ist nicht mehr so belastbar wie vorher oder hat andere Aufgaben und Prioritäten.

Der schlechte Beigeschmack, den ein Burnout mit sich bringt, der resultiert eher aus den Vorstellungen unserer Leistungsgesellschaft. Wir glauben, dass wir übermenschliche Leistung vollbringen müssen und sollen. Bis wir selbst daran glauben, dass dies der richtige Weg ist, da dieser Wahn sich so in uns eingebrannt hat.

Doch unser Wert darf nicht an unserer Leistung gemessen werden. Der Wert ist etwas, was immer vorhanden ist und nicht schwindet durch Aufgaben, die wir erledigen oder das Geld, was wir verdienen. Wir haben es hier also sowohl mit inneren als auch mit äußeren Faktoren zu tun und sind somit aufgefordert, in beiden nach Ursachen zu suchen.

Also auf allen Ebenen, wo die Ursachen entstehen, etwas zu verändern. Ein Mensch, der sich seiner selbst sehr bewusst ist, ein gutes Körpergefühl hat, der weiß, wann er Pause machen muss. Er (der Mensch) weiß, welche Menschen ihm guttun, er weiß, wann er loslassen sollte und wird somit weniger in einen Burnout rutschen.

Wie schon gesagt, ist auch das Umfeld verantwortlich beziehungsweise suchen wir uns das Umfeld hier selbst aus. Doch das Umfeld kann natürlich ursächlich sein für ein Ausbrennen. So ist auch eine sehr anstrengende oder auch toxische Beziehung durchaus in der Lage, einen Burnout auszulösen. Ich hatte in den letzten Jahren viele Kundinnen, die sich in ihren Beziehungen absolut erschöpft hatten und einfach nicht loslassen konnten.

Auch Kinder sind häufig viel zu gestresst, da man den Kindern viel zu viel aufbürdet. Kleine Kinder haben schon Termine, die von der Menge her an die eines Unternehmers erinnern und weniger an ein kleines Kind, das seine Kindheit genießen sollte. Natürlich ist es toll, wenn die Kinder gefördert werden, doch häufig überfordert man Kinder mit tausenden von Terminen.

Ein weiteres Thema, dass ich nicht außer Acht lassen möchte, das ist das Thema Sucht. Rutschen wir mit unserer Leistung ab oder können uns nicht mehr richtig entspannen, dann kommen oft Gewohnheiten ins Spiel, die uns nicht guttun. Zunächst ist es das Feierabendbier, und mit zunehmendem Stress wird daraus viel zu viel.

Was erst nach dem Belohnungsprinzip funktioniert, um den Burnout zu kompensieren, um Spannung abzubauen, daraus wird dann ganz schnell etwas, ohne das es nicht mehr geht. Entspannung zu finden oder Stress abzubauen durch Drogen oder Alkohol ist durchaus üblich – aber natürlich nicht gesund.

Symptome gibt es viele:

Die wichtigsten körperlichen Symptome sind

o   Schlafstörungen

o   Nervosität

o   Rückenschmerzen

o   Verspannungen

o   Kopfschmerzen

o   ein schlechtes Immunsystem

o   Magenschmerzen

o   Müdigkeit

Die wichtigsten psychischen Erschöpfungssymptome sind

o   Ängste und Panikattacken

o   Niedergeschlagenheit

o   fehlende Motivation

o   Zynismus

o   Aggressionen

o   Wut, Reizbarkeit, Ungeduld

o   Gleichgültigkeit, wie viel ausgebeutet zu werden

o   das Gefühl betrogen zu werden

o   Frustration wegen fehlender Wertschätzung

o   Schuldzuweisungen

6 Schritte aus dem Burnout

Der erste Schritt

Der erste Teil des Buches hat dir wahrscheinlich schon geholfen, dich besser kennen zu lernen. Reflektiere Fragen und Impulse haben dir hoffentlich schon einiges über dich gezeigt und dir auch geholfen, einen kleinen Paradigmenwechsel in deinem Leben zu schaffen. Die realistische Selbsteinschätzung ist absolut wichtig, damit du weißt, an welchem Punkt in deinem Leben du stehst.

Dein erster Weg sollte immer der **zum Arzt** sein, wenn es dir nicht gut geht. Dein Hausarzt oder ein Arzt, der dir empfohlen wird, sollte dich gründlich untersuchen. Hier kann man Überlegungen anstellen, ob eine Psychotherapie sinnvoll ist, ob eine Kur sinnvoll ist, ob es sinnvoll ist, sich krankschreiben zu lassen über längere Zeit und welcher Ansatz für dich in der Therapie der Beste sein könnte. Die Frage ist, ob es organische Ursachen gibt, ob es wirklich eine Erschöpfung ist. Wir haben die Möglichkeit, fünf Probestunden bei einem Therapeuten zu absolvieren und können dann entscheiden, ob wir den weiteren Weg gemeinsam mit dem Therapeuten gehen möchten. Das Gesetz der Krankenkassen ändert sich gerade, daher ist es ratsam, sich noch einmal genau zu informieren, wie der aktuelle Stand ist.

Hier sind Kürzungen geplant, die ich nicht gutheißen kann, die aber wahrscheinlich unausweichlich sind und so verabschiedet werden. Bislang war es so, dass man eine Kurzzeittherapie von 25 Stunden oder eine Langzeittherapie von 50 Stunden bekam. Wenn du das Buch liest, kann es sein, dass sich dies schon geändert hat.

Ungünstig finde ich, nur auf Medikamente zu gehen, um einfach wieder zu funktionieren. Eine Erschöpfung geschieht nicht umsonst. Auch wenn du ungeduldig bist, vielleicht glaubst, faul zu sein. Es ist dein Recht, wieder in Ruhe heil zu werden. Dein Körper, dein Unterbewusstsein machen sich Sorgen, und deinen Bedürfnissen darfst du nachgeben.

Klassische Methoden

Auf die verschiedenen Therapieformen möchte ich hier nur ganz kurz und minimalistisch eingehen, denn ich möchte dir lieber Ratschläge geben, die du selbst umsetzen kannst und dir auch vorbeugend dein Leben zum Besseren verändern sollen.

Ich stelle dir hier also die wichtigsten Methoden und die Unterschiede vor, denn mit den Psycho-Begriffen kann man superschnell durcheinanderkommen.

Der Psychologe & die Psychologie

Er hat, nachdem er das entsprechende Studium abgeschlossen hat, meist eine mehrjährige Weiterbildung hinter sich. Er darf jedoch im *Gegensatz zum Arzt keine körperlichen Untersuchungen* durchführen und auch keine Medikamente verordnen. Er hat den Abschluss des Hochschulstudiums in Psychologie erworben. *Psychologie ist eine wissenschaftliche Disziplin*, also eher empirisch (theoretisch). Die *Psychiatrie ordnet man dem Bereich* der Medizin zu. Es geht in dieser Wissenschaft um das *Verhalten oder auch das Empfinden und Erleben von Menschen* im Laufe ihres Lebens.

Auch die Entwicklungen des Menschen werden angeschaut beziehungsweise *welche Faktoren* (innen und außen) für diese Entwicklung maßgeblich waren. Im Studium der Psychologie werden auch *Grundlagen der wissenschaftlichen Psychotherapie* vermittelt.

Psychologe

Psychologen sind also Leute, die das in der Regel fünfjährige Studium der Psychologie mit einem Diplom- beziehungsweise Master-Abschluss geschafft haben. Auch dieser Begriff ist geschützt und darf nur nach dem erfolgreichen Studium genutzt werden ... natürlich können auch *Psychologen eine Ausbildung zum Psychotherapeuten* machen, diese dauert nochmal drei bis fünf Jahre.

Psychiater und Neurologen

Psychiater sind tatsächlich Ärzte, die sich spezialisiert haben. Das nennt sich Facharztausbildung. Mitunter sind sie auch Neurologen. Nur Ärzte dürfen Medikamente verschreiben. Wenn der Psychiater auch eine Zusatzausbildung für Psychotherapie hat, dann darf er auch diese anbieten.

Im Grunde darf jeder Arzt Psychopharmaka verschreiben oder dich in eine Klinik überweisen. Gegen den Willen eines Menschen geht dies nur mit Gutachten vom Psychiater.

Der Psychotherapeut

Seit 1999 ist dieser Begriff geschützt. Er kann Arzt sein, ein Psychologe oder auch ein Pädagoge, der eine Zusatzausbildung zum Psychotherapeuten gemacht hat. Die Psychotherapie ist eine gesetzlich geregelte Fachbezeichnung. So müssen *Ärzte und Psychologen eine Weiterbildung* nach ihrem Studium machen, um als Psychotherapeut arbeiten zu dürfen.

Gruppentherapie

In der Psychotherapie gibt es Einzeltherapien und Gruppentherapien, wie das Wort schon sagt: Du bist allein oder wirst in einer Gruppe therapiert. Das gibt es in Reha-Einrichtungen, in vielen Krankenhäusern, aber auch in Praxen. Der Vorteil könnte sein, dass du siehst, dass es auch anderen geht wie dir und du von mehr Menschen Feedback (also eine Rückmeldung) bekommst. Du kannst direkt Techniken ausprobieren, neue Kommunikation üben und so weiter. Doch es kann auch sein, dass die negativen Geschichten der anderen dich hier unnötig herunterziehen.

Psychoanalyse

Die Psychoanalyse ist geprägt von *Sigmund Freud*[12] und untersucht seelische Vorgänge, die meist im Unterbewusstsein liegen. Grob gesagt wird dem Patienten geholfen, seine Lebensgeschichte ins Bewusstsein zu bekommen. Die Motive von Geschehnissen werden erforscht, abgespaltene Anteile, wie man so schön sagt, integriert, Gefühle und Blockaden sollen abgebaut werden.

Problematisch kann hier sein, dass sehr viel (fast nur) in der Kindheit gesucht wird, alte Geschichten auf den Tisch kommen, die hier wiederholt werden durch Erzählungen. Der Blick ist also sehr auf die Vergangenheit im speziellen negativen Sinne gerichtet wie ein Scheinwerfer.

Was mich persönlich von der Psychoanalyse nach *Freud* abrücken lässt, ist der starke Fokus auf die negativen Aspekte der Vergangenheit. Ich liebe es, lösungsorientiert zu arbeiten. Dazu gehört natürlich auch ab und an die Vergangenheit, um zu sehen, was geändert werden darf, wo es festhängt, was Ursachen sind. Aber dann ist es auch gut. Der Schmerz muss nicht ständig wiederholt werden.

---

[12] https://www.geo.de/geolino/mensch/1780-rtkl-weltveraenderer-sigmund-freud

Verhaltenstherapie

Die Neurologen und Psychiater im Netz [13] sprechen hier von der am häufigsten eingesetzten Therapieform, die zudem am meisten untersucht wurde – sie hat gut 100 Jahre Geschichte. Verhalten ist erlernt, sagt man hier – und kann es so auch wieder verlernen. Soweit stimme ich zu.

Hier setzt man am Problem an, es wird analysiert und man schaut weniger, was die Ursachen für das Problem sind, sondern eher die Bedingungen. Hier lassen sich Verhaltensmuster finden, sogenanntes falsch Gelerntes, das durch Besseres oder etwas, das noch nicht gelernt wurde, ersetzt werden soll.

Das Ganze ist natürlich in Wirklichkeit etwas komplexer, doch dies soll ja kein Fachbuch für Therapieformen sein. Ich möchte dich damit nicht langweilen, nur kurz informieren – wir wollen so schnell wie möglich zum Selbsthilfeteil kommen.

Nur so viel: Es gibt unfassbar viele Strömungen und Entwicklungen in der Verhaltenstherapie – und die moderne VT ist im Grunde ein Überbau von vielen Methoden der Psychotherapie.

Auszeit

Kurze stationäre Aufenthalte oder auch Tageskliniken, z. B. in systemisch orientieren Kliniken in der systemischen Akutpsychiatrie [14], können für einen Patienten ein schönes Übergangsritual sein – denn oft werden die Veränderungsprozesse als beängstigend empfunden. Ein Übergang zu einem schöneren, besseren Zustand kann so unter Umständen sanfter gestaltet werden.

---

[13]   https://www.neurologen-und-psychiater-im-netz.org/psychiatrie-psychosomatik-psychotherapie/therapie/psychotherapie/verhaltenstherapie/
[14] Lehrbuch der systemischen Therapie und Beratung I, S. 389

Dein Umgang mit dir

Da du wohl der wichtigste Mensch in deinem Leben bist und auch der Einzige, der immer mit Sicherheit bei dir sein wird, ist es sinnvoll, sich selbst am allerbesten zu behandeln.

Schon in den Resilienz-Kapiteln habe ich es angesprochen. Es ist wichtig, dass du zu dir selbst stehst. Selbstliebe, Empathie, Selbstbewusstsein, Selbstvertrauen sind nur einige der Begriffe, die hier eine große Rolle spielen. Du brauchst das Vertrauen in dich selbst, das in dir den Glauben stärkt, dass du so richtig bist, wie du bist und auch dein Leben meistern kannst. Auf die Weise, die für dich richtig ist.

Hierzu gehört im ersten Schritt auch, die Dinge zu akzeptieren, wie sie sind, denn erst von diesem Punkt aus ist Veränderung möglich. Etwas, das ich bekämpfe, das kann ich nicht verändern, es ist ja faktisch nicht vorhanden, oder darf nicht vorhanden sein. Wie sollte dann Änderung möglich sein? Diese ist nur in der Wahrheit, deiner Wahrheit, möglich.

Eine Krankheit oder Burnout, dies sind keine Feinde, sondern Freunde, die dir etwas sagen möchten: Pflege einen besseren Umgang mit dir, sei netter zu dir, sei achtsamer.

Wie du deine Bedürfnisse erkennst, das hast du schon in den vorigen Kapiteln dieses Ratgebers erfahren. Ich möchte dich ermuntern, dir wirklich Zeit für dich selbst zu nehmen, denn dies ist essentiell. Versuche nicht, auch hier schon wieder Höchstleitungen zu vollbringen, es geht hier eher um das Sein, im Hier und Jetzt sein. Tu Dinge, die dir guttun. Kümmere dich mal nur um dich, halte es einmal aus, nicht für andere da zu sein.

Dankbarkeit und Frieden schließen gehören definitiv zum guten Umgang mit dir selbst. Die Dinge dürfen so sein, wie sie sind, und es geht hier nicht um Schuld oder Versagen.

Ich möchte dich fragen:

Wie würde dein bester Freund oder deine beste Freundin dich behandeln?

TIPP

Mach' dir Listen mit Dingen, Menschen und Tätigkeiten, die dir Kraft geben & Freude spenden, hänge sie in der Wohnung auf und setze sie um.

Nein sagen

Hier gibt es einiges zu lernen, denn das Nein-Sagen fällt Perfektionisten extrem schwer. Nicht umsonst bist du da, wo du bist.

Ich stelle dir im Folgenden einige Strategien vor, mit denen du es schaffen kannst, leichter Nein zu sagen.

STRATEGIE 1

Wenn es dir jetzt schwerfällt, ein klares Nein auszudrücken, dann nimm dir einen Moment Zeit, wenn dich jemand fragt, bevor du antwortest. Setze dich nicht unter Druck – lass dir die Zeit, die du brauchst.

Beispielsweise fragt dich eine Freundin, ob du helfen kannst, ihre Buchführung am Wochenende zu sortieren. Nimm dir die Zeit, um abzuwägen, was dir wirklich wichtig und auch möglich ist.

Möchtest du das? Oder hast du eigentlich etwas anderes vor oder brauchst Ruhe? Antworte nicht sofort. Du hast das Recht, die Antwort aufzuschieben, bis du dir sicher bist, dass du nicht aus einer alten Gewohnheit heraus handelst.

STRATEGIE 2

Du kannst noch eine Alternative anbieten, wenn du trotz allem das Gefühl hast, helfen zu "müssen".

- Es gibt einen ganz günstigen Dienst für Steuerhilfe.
- Bei xy ... im Internet gibt es ein ganz tolles Programm.
- Ich mache dir gern einen moderaten Preis, sodass du mich regulär buchen kannst.
- Frag doch mal den Nachbarn, ich glaube, der hat Zeit.

STRATEGIE 3

Finde zunächst einen Satz, der erst einmal wertschätzt, denn es ist auch wichtig, *wie* du etwas formulierst. Zum Beispiel:

- o Schön, dass du mich fragst.
- o Toll, dass dir meine Hilfe am Herzen liegt.
- o Das ist lieb von dir, dass du dabei an mich denkst.
- o Ich weiß es sehr zu schätzen, dass du mich für so kompetent hältst.

Normalerweise würdest du jetzt vielleicht Ausflüchte suchen:

*„Mein Mann un*d ich sind das ganze Wochenende unterwegs, meine Mutter ist krank" und so weiter. Wenn du dir vorher Sätze überlegst, die du anwenden kannst, hast du es nicht mehr nötig, nach Ausflüchten zu suchen.

STRATEGIE 4

Nach der Wertschätzung geht es weiter, denn Vertrauen in dich selbst bekommst du, wenn du Rechtfertigungen und Ausreden sein lässt und ehrlicher wirst. Das erfordert ein wenig Kreativität. Wenn du zu dir selbst und deinen Bedürfnissen stehst, dann werden andere es auch tun.

- o Ich biete keine kostenlose Unterstützung in meinem Beruf mehr an.
- o Ich arbeite an den Wochenenden nicht mehr.
- o Ich nutze die Zeit an den Wochenenden grundsätzlich nur für schöne Dinge.

Übe diese Technik ein paar Mal, auch vor dem Spiegel. Je mehr du die Texte für dich zunächst auswendig parat hast, desto weniger kommst du bei einem Nein ins Stolpern. Übe erst mit anderen Menschen mit kleinen unwichtigen Dingen, sodass du direkt Erfolgserlebnisse hast.

NUTZE DEINE GEFÜHLE UND WERTE:

- o Meine freie Zeit zur Erholung an den Wochenenden ist mir ganz wichtig.
- o Ich möchte Arbeit und Freundschaft trennen.
- o Meine Erholung steht für mich an erster Stelle, daher kann ich dir nur einen gemeinsamen Spaziergang anbieten.

Die *GFK – Gewaltfreie Kommunikation* ist übrigens ein toller Ansatz! Hier lernst du, zu kommunizieren, ohne den anderen unter Druck zu setzen und ohne deinem Gegenüber Vorwürfe zu machen. Es geht um eine klare Kommunikation mit dem Ausdruck deiner Werte.

Vielleicht glaubst du, dass du oft nicht die Alternative hast, Nein zu sagen – vor allem beruflich. Doch ich kann dir aus Erfahrung sagen, dass dein Ja dich möglicherweise irgendwann draufzahlen lässt und du genau das bekommst, was du eigentlich vermeiden wolltest.

Natürlich dürfen wir alle auch ab und zu Ja sagen – wenn es passt. Anfänglich finden es vielleicht Personen im Umfeld befremdlich, wenn du beginnst, ‚Nein‘ zu sagen. Es ist wie alles im Leben ein Lernprozess. Für dich und für dein Umfeld ebenfalls.

Die Frage ist: Wie frei möchtest du sein und wie viel Verantwortung für dich selbst bist du bereit, zu übernehmen?

Fällt es dir schwer, dir die obigen Strategien zu merken? Denn wenn du mit einer Bitte überrumpelt wirst, fällt dir vielleicht nicht sofort die passende Strategie ein. Denke einfach an *INA* – dann läuft deine Rede automatisch ab. Ich erkläre dir, was dies bedeutet.

Das INA-Modell[15]:
I = Interesse haben
N = Nein sagen
A = Alternativen zeigen

Folgendermaßen ist der Ablauf:

Du hörst dir erst einmal an, was der andere möchte und zeigst, dass du dich „geehrt" fühlst. Danach kommt erst dein Nein. Es ist verbunden mit der Dankbarkeit, dass du der oder die Erwählte bist, dass man dir vertraut und du die Kompetenz hättest zu helfen.

Du kannst auch verlauten lassen, dass du durchaus begreifst, dass der andere in einer großen Herausforderung steckt, also Stress hat. Du sagst, dass du verstehst, dass er diese Herausforderung, die sehr groß ist, allein unmöglich schaffen kann und dass er dringend Hilfe braucht. Somit fühlt der andere sich in seiner Not gesehen.

Da er so bedürftig ist, kannst du deine ernsthafte Anteilnahme unterstreichen, indem du ihm hilfst, eine andere Lösung zu finden, eine Alternative. Dies sollte jedoch nur eine kurze Idee sein, die du ihm anbietest, wenn dir dazu etwas einfällt.

Ich wünsche dir viel Erfolg beim Nein-Sagen!

---

[15] Peter Buchenau, Nein gewinnt, Springer-Gabler Verlag, S. 63

Essen und trinken

Alle wichtigen Themen wie Achtsamkeit, Selbstliebe, im Hier und Jetzt sein, Grenzen setzen und so weiter findest du sämtlichst im Resilienz-Kapitel. Worauf ich noch nicht eingegangen bin, das ist die Ernährung.

Selbstverständlich ist nicht für jeden jede Ernährung geeignet oder gesund. Doch ist dies ein Aspekt, den viele Menschen außer Acht lassen. Wenn du dich beim Arzt hast durchchecken lassen, dann hat er hoffentlich auch ein großes Blutbild gemacht und dir eine Empfehlung gegeben, welche Nährstoffe, Vitamine und so weiter fehlen. Denn wenn der Körper extrem gestresst ist, dann hat er meist auch einen größeren **Bedarf an Nährstoffen.**

Unsere **Ernährung** wirkt sich stark auf unser Glücksempfinden und logischerweise unsere Gesundheit aus. Es gibt Nahrungsmittel, die erwiesenermaßen eher schädlich sind, dann gibt es solche, die definitiv gesund sind.

Eher schädlich sind alle Getränke, die zu süß sind oder zu viel Koffein oder Ähnliches enthalten, weil dies die Unruhe verstärkt.

o   Kaffee, zumindest zu viel davon
o   gesüßte Getränke
o   aufputschende Getränke oder Energydrinks
o   Alkohol

Wenn möglich, ersetze diese Getränke durch Wasser oder Tee. Für den Übergang, wenn man sich den Kaffee abgewöhnen möchte, kann man auch einige Zeit mal koffeinfreien Kaffee oder Ähnliches probieren, oder schwarzen oder grünen Tee zum Frühstück.

Ausreichend Wasser zu trinken ist essenziell, um dem Körper die Möglichkeit zu geben, zu entgiften. Ohnehin ist Wasser wichtig, da der Körper zu 70 % daraus besteht.

Auf eine basische Ernährung umzustellen, ist etwas, wozu ich auf jeden Fall rate. Denn: Wenn du sehr gestresst bist, fällt es dem Körper schwer, zu entgiften. Der Körper ist dann definitiv belastet und braucht Entlastung, auch durch die Ernährung. Übersäuerung ist Gift, vor allem wenn du gestresst bist!

Die grobe Regel lautet: Weniger Fertignahrungsmittel, keine Konserven, alles, was in Tüten oder Dosen schon zubereitet ist, lieber weglassen. Ebenso schädlich sind (Industrie-)Zucker, Alkohol. Zu viel Wurst und Fleisch, das weiß man heute, sind ungesund. Frische Sachen sind angesagt, frisches Gemüse und Obst, Kräuter sind toll, ebenso wie saisonales Gemüse.

Eine **Darmreinigung** kann Wunder wirken, da kann dein Arzt oder auch jemand im Reformhaus oder in der Apotheke dich mit Sicherheit beraten. Ich selbst mache das auch regelmäßig und selbstverständlich kannst du mir dazu auch eine E-Mail senden.

Häufig wissen wir nicht, ob Lebensmittel basisch sind, daher möchte ich dir empfehlen, dir entsprechende Literatur zu besorgen. **Zitronenwasser** am Morgen beispielsweise ist sehr gesund. Eine frische Zitrone auf ein großes Glas Wasser – sauer, aber lecker, und basisch.

Auch die **Art und Weise,** wie du dein Essen zu dir nimmst, ist wichtig! Langsam und bewusst essen, schau, was dir wirklich guttut. Im Human Design gibt es verschiedene Typen, was das Essen angeht, daher möchte ich nicht behaupten: *„Frühstück ist immer gesund"* oder *„Immer zur gleichen Zeit essen."*

Ich selbst bin nach dem HD der Typ Jäger und esse am besten kleine Mini-Happen im Vorbeigehen. Wichtig ist zu begreifen, was dir richtig guttut und was nicht. Ich brauche nicht ewig sitzen und lange kauen, doch wichtig ist meiner Meinung nach das Bewusstsein für den eigenen Körper. Es gibt Menschen, die essen nur eine Mahlzeit am Abend und sind damit gesund. Hier gibt es wohl so viele Konzepte wie Ernährungswissenschaftler. Daher mein Rat: Lerne deinen Körper und seine Reaktionen kennen und höre auf ihn! Und wenn du Lust hast, schau dir das Human Design mal näher an, das ist auf jeden Fall hilfreich für das Verständnis dafür, in welcher Liga wir spielen!

Ich wünsche dir alles Gute!

Ich freue mich, wenn ich dir Impulse mit auf den Weg geben konnte, die dich darin unterstützen, den Fokus auf das Positive in deinem Leben zu legen. Mit ganz einfachen Methoden und Selbstcoaching-Tools ist es schon möglich, viel im Leben zu verändern.

Der erste Schritt ist immer, sich bewusst zu machen:

„Wo stehe ich gerade?"

„Wo möchte ich hin?"

Tritt ein wenig aus deiner Komfortzone heraus, probiere einmal deine innere Haltung zu verändern und die Dinge ein klein wenig anders handzuhaben, die bislang nicht funktioniert haben.

Ich wünsche dir viel Glück und viel Freude auf deinem Weg.

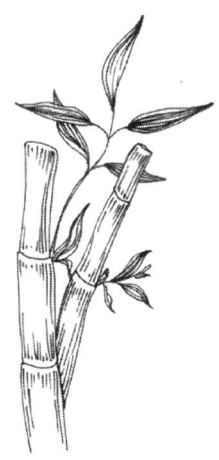

Die Autorin

Michelle Amecke, Jahrgang '70, Diplom-Pädagogin, Systemischer Coach und Sexual- und Paartherapeutin, arbeitet seit fast 30 Jahren mit Menschen und engagiert sich für Zivilcourage, emotionale Freiheit, authentisches Leben und Gleichberechtigung. Ihre eigenen beruflichen Erfahrungen und privaten Erlebnisse haben ihr die Gewissheit gebracht, dass viel mehr möglich ist, als den meisten Menschen bewusst ist.

Frau Amecke bietet mit ihrer psychologischen Begleitung und ihren Büchern Unterstützung für inneres Wachstum und persönliche Entfaltung, um einen Weg aus der persönlichen und globalen Konditionierung zu finden. Die eigene Entfaltung ist der einzige Weg, durch den Selbstausdruck den vernichtenden Stress durch Unterdrückung der Emotionen zu vermeiden. Dieser Druck, der besonders bei Menschen entsteht, in denen eine große Verantwortung nach außen das Anerkennen der eigenen Schatten nicht zuzulassen vermag, zeigt sich durch eine deutliche Sprache des Körpers oder Kompensationsverhalten wie Süchte.

Ihre Arbeit in der Körpertherapie, die Ausbildung zur Sexual- und Beziehungstherapeutin und die Fortbildungen im Thema Human Design ließen sie noch tiefer begreifen, wie stark und deutlich die Sprache des Körpers ist, ein Hilferuf und eine deutliche Bitte für die De-Konditionierung.

HAFTUNGSAUSSCHLUSS

URHEBERRECHT

Printed in Poland
by Amazon Fulfillment
Poland Sp. z o.o., Wrocław

91369231R00081